成本会计实训

主　编　叶叔昌
副主编　宁进伟　张　靖

Cost Accounting Training

WUHAN UNIVERSITY PRESS
武汉大学出版社

图书在版编目(CIP)数据

成本会计实训/叶叔昌主编.—武汉:武汉大学出版社,2022.9
ISBN 978-7-307-23149-8

Ⅰ.成… Ⅱ.叶… Ⅲ. 成本会计—教材 Ⅳ.F234.2

中国版本图书馆 CIP 数据核字(2022)第 120287 号

责任编辑:林 莉　　责任校对:汪欣怡　　版式设计:马 佳

出版发行:**武汉大学出版社** (430072 武昌 珞珈山)
(电子邮箱:cbs22@ whu.edu.cn 网址:www.wdp.com.cn)
印刷:武汉科源印刷设计有限公司
开本:787×1092 1/16 印张:25.5 字数:589 千字 插页:1
版次:2022 年 9 月第 1 版 2022 年 9 月第 1 次印刷
ISBN 978-7-307-23149-8 定价:68.00 元

前　言

成本会计是高职院校会计专业的一门核心课程，旨在帮助学生明确成本会计工作内容，熟悉成本会计工作流程，掌握成本会计核算的基本原理和方法，训练成本会计操作技能。

成本会计是会计专业课程中较难的一门课程，学生普遍畏惧，教学效果一直不太理想。要学好这门课程，必须进行完整而扎实的实训。本教材为教师和学生提供了一套完整的成本会计实训资料，是校企双元开发、融入思政元素、工作手册式教材《成本会计岗位实务》的配套实训教材，也可作为一本独立的实训教材使用。

本教材以党和国家关于教材建设一系列指示和文件精神为指导，秉承现代职业教育理念，紧紧围绕前述成本会计课程的教学目标，组织实训教学内容。本教材选取典型企业和典型产品，真实展现了成本核算和成本分析的全过程。为方便教学和实训，降低难度，本教材给出了全部成本计算表格。本教材为校企双元开发，四川省欧菲艾蒂家具有限公司提供了公司管理制度和成本核算资料作参考素材，设计了产品生产流程和成本计算表格式样，拟订了产品生产所需材料物资及其价格标准，并提出了一些有价值的建议。武汉索瑞威科技有限公司制作了产品动画，武汉大学出版社制作了产品简介和实训答案的二维码。

本教材将学生的学习过程分为三个阶段：课堂教学、课后练习和专门实训，这三个阶段相互衔接，不可分割。相应地，本教材给出了一个企业两个月份的成本会计工作内容，其中1月份的工作内容供教师在课堂上给学生讲解和学生课后练习，2月份的工作内容供学生实训。

为了方便叙述和操作，本教材使用“20×1年”作年份。“20×1年”可以代指任何一个年份，也可以看作一个特殊的年份，请使用者不要纠结这个问题。

对于本教材内容，教师可以根据教学和实训时间及具体情况进行取舍。我们给出如下建议：

成本会计实训内容选取方案

方案	课堂教学（学时）	实训时间（周）	内容选取		
			产品	月份	业务
A	64以上	2	ZF01、YM01	1月、2月	原始凭证、记账凭证、账簿和报表
			ZF02、YM02	1月、2月	
			ZD01、YD01	1月、2月	

续表

方案	课堂教学（学时）	实训时间（周）	内容选取		
			产品	月份	业务
B	56~64	2	ZF01、YM01	1月、2月	原始凭证、记账凭证、账簿
			ZF02、YM02	1月、2月	
			ZD01、YD01	1月、2月	
C	48~56	2	ZF01、YM01	1月、2月	原始凭证、记账凭证、账簿
			ZF02、YM02	1月	
			ZD01、YD01	1月、2月	
D	48~56	1	ZF01、YM01	1月	原始凭证、记账凭证、账簿
			ZF02、YM02	1月	
			ZD01、YD01	1月、2月	
E	40~48	1	ZF01、YM01	1月、2月	原始凭证、记账凭证、账簿
			ZD01、YD01	1月、2月	
F	32~40	1	ZF01、YM01	1月、2月	原始凭证、记账凭证、账簿
G	32~40	0	ZF01、YM01	1月	原始凭证、记账凭证、账簿

内容选取针对本教材的第三部分和第四部分，第一部分和第二部分是公共的。在对本教材进行内容选取时，应注意内容连贯，自成体系。根据产品选择时，应包括与该产品相关的所有原始凭证（涉及材料费用、人工费用、废品损失、副产品成本、辅助生产成本、制造费用等）。

本教材按A方案配备全套答案，以二维码的形式附在后面。为方便教师检查和判断练习和实训结果，学生应严格按照实训说明进行操作。

本教材由武汉船舶职业技术学院叶叔昌主编，武汉船舶职业技术学院宁进伟、四川省欧菲艾蒂家具有限公司张靖为副主编。限于编者的水平，本教材一定存在不少的错误和缺陷，恳请使用者不吝赐教。

在本教材开发和出版过程中，得到四川省欧菲艾蒂家具有限公司、武汉索瑞威科技有限公司和武汉大学出版社的大力支持，在此深表谢意！

编　者

2022年3月

目　录

第一章　实训说明 ······ 1
一、实训目的与任务 ······ 1
二、实训组织与要求 ······ 1
三、其他说明 ······ 2

第二章　企业相关情况说明 ······ 3
一、企业介绍 ······ 3
二、产品介绍 ······ 3
三、产品生产定额和原材料计划价格 ······ 10
四、会计核算方法与相关说明 ······ 15

第三章　凭证资料 ······ 18
一、20×1 年 1 月凭证资料 ······ 18
二、20×1 年 2 月凭证资料 ······ 200

第四章　成本报表与分析 ······ 362
一、20×1 年 1 月 ······ 362
二、20×1 年 2 月 ······ 379

后记 ······ 403

第一章　实训说明

一、实训目的与任务

（一）实训目的

成本会计实训是会计专业一个重要的实训项目，其目的包括：

（1）践行成本会计职业道德；
（2）熟悉成本会计工作流程；
（3）掌握成本会计核算方法；
（4）训练成本会计操作技能；
（5）增强成本会计理论领悟；
（6）了解会计岗位工作衔接；
（7）锻炼企业成本管理能力；
（8）培养成本会计工作作风。

（二）实训任务

（1）根据给定企业情况和要求设置成本账户；
（2）根据其他会计岗位提供的相关记账凭证登记成本账簿；
（3）根据给定的原始凭证编制记账凭证并登记成本账簿；
（4）分配相关生产费用，填写相应表格，编制记账凭证并登记成本账簿；
（5）进行结账和对账；
（6）编制成本报表，进行成本分析。

二、实训组织与要求

（一）实训组织

在实训指导教师的指导下，学生个人独立完成实训任务。

(二) 实训要求

为达到实训目的，学生应当做到以下几点：

(1) 充分认识本次实训的重要意义，端正态度，认真对待；

(2) 独立、按时完成各项实训任务；

(3) 不漏掉任何一笔业务，不放过任何一个环节；

(4) 按要求进行操作，力求规范、整洁；

(5) 注重思考，理论联系实践，学以致用。

三、其他说明

(1) 由自己编制的表格应在“制表”处签名。

(2) 成本计算过程中，木料数量最后用立方米（m^3）作单位，取4位小数，腻子、油漆最后用升（L）作单位，取3位小数，时间最后用小时（h）作单位，取2位小数，分摊率、分配率取4位小数，其他取2位小数。计算时分段进行，不要连续计算。

(3) 进行分摊（或分配）时，如果分摊（或分配）的各项数值合计与待分摊（或分配）的数额不等（不用倒挤法），相应调整这次分摊（或分配）结果中第一项数值。

(4) 按照本教材（A方案）实训需记账凭证至少210张、多栏明细账账页至少42张。

(5) 为方便起见，所有产品和零件数量都以“件”作计量单位。

第二章　企业相关情况说明

一、企业介绍

（一）基本情况

武汉楚风家具有限公司（以下简称楚风公司）是一家生产型企业，位于武汉市湖光路1号，主要生产经营“楚风”牌桌子和椅子两种产品，注册资本5 000万元，现有职工132人。该公司董事长（法人代表）是王优，总经理是刘远行。该公司为增值税一般纳税人，在中国工商银行湖光路支行开设基本存款账户。

（二）部门设置

楚风公司设有行政办公室、产品研发部、技术品质部、生产部、人力资源部、财务部、供应部、营销部、储运部、后勤部、下料车间、桌子车间、椅子车间、油漆车间、修理车间和配电车间，储运部下设材料仓库和成品仓库。

下料车间、桌子车间、椅子车间和油漆车间为基本生产车间，负责公司各种产品的生产。

修理车间和配电车间为辅助生产车间。修理车间负责公司所有设备、设施和电器的维修。配电车间负责向公司所有部门供电，公司外购电力经配电车间处理后送往公司各部门使用。

（三）会计岗位设置

楚风公司财务部除成本会计外，还设存货会计、往来会计、薪酬会计、长期资产会计、资金会计、纳税会计、总账会计和出纳等会计岗位，由魏虹兼任存货会计和往来会计，郑珊兼任薪酬会计和长期资产会计，刘云兼任资金会计和纳税会计，张玲任总账会计、王丽任出纳，钱必清任财务部部长。

二、产品介绍

（一）常规产品

楚风公司根据市场需求，自行开发、设计家用桌椅并常年生产，然后销售给各地家具商场。现生产销售 ZF01 型桌子和 YM01 型椅子（以下分别简称 ZF01 和 YM01），如图 2-1 所示。

图 2-1　ZF01 型桌子和 YM01 型椅子

1. ZF01

ZF01 由 1 张桌面、4 只桌脚、4 块撑板和 2 根钢条构成。桌面用几块木板拼制而成，桌脚与撑板之间采用榫卯方法连接，桌面板与左右撑板通过钢条连接。钢条位于桌面板下面，用螺钉固定。

ZF01 生产先后在下料车间、桌子车间和油漆车间进行，分为下料、制作和油漆包装 3 个阶段，如图 2-2 所示。

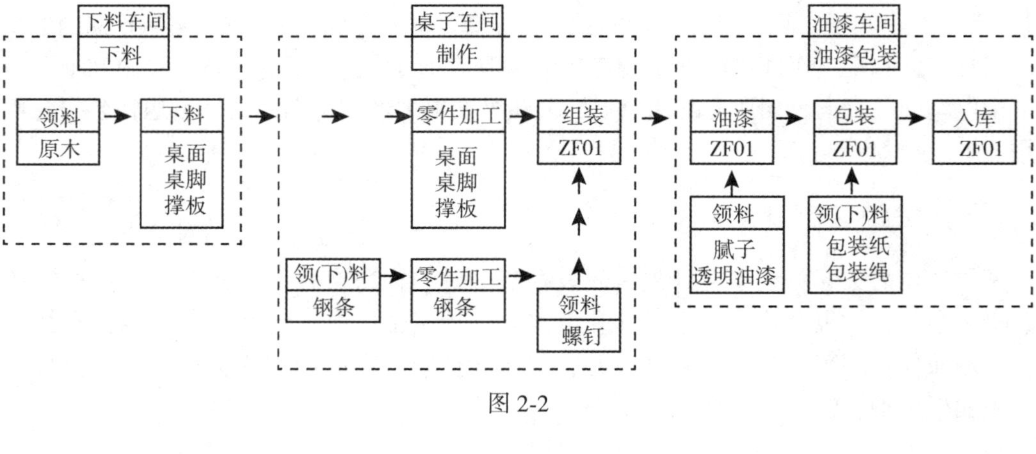

图 2-2

2. YM01

YM01 由 2 只前脚、2 只后脚、1 块座板、1 根横梁和 10 根撑档构成。座板由几块木板拼制而成，用螺钉固定在撑档上，其余部分采用榫卯方法连接。

YM01 生产先后在下料车间、椅子车间和油漆车间进行，分为下料、制作和油漆包装 3 个阶段，如图 2-3 图所示。

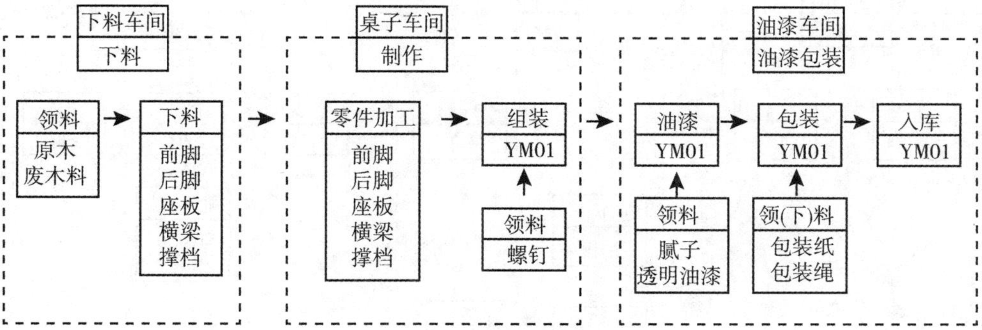

图 2-3

（二）试验产品

楚风公司自行开发、设计了一种用于多种场合的折叠桌椅，小批量生产，投放市场检验需求情况，如果市场需求量较大，再扩大生产。这种折叠桌椅包括 ZF02 型桌子和 YM02 型椅子（以下分别简称 ZF02 和 YM02），如图 2-4 所示。

图 2-4

1. ZF02

ZF02 由 1 块桌面和 1 副支架构成。面板用免漆板制作，用不锈钢条包边，支架全部用钢材制作。支架各部分焊接在一起或用螺栓连接，面板用螺钉固定在支架上。

ZF02生产在下料车间、桌子车间和油漆车间进行，分为面板下料、制作（零件加工）、支架油漆、桌子组装包装4个阶段，如图2-5所示。

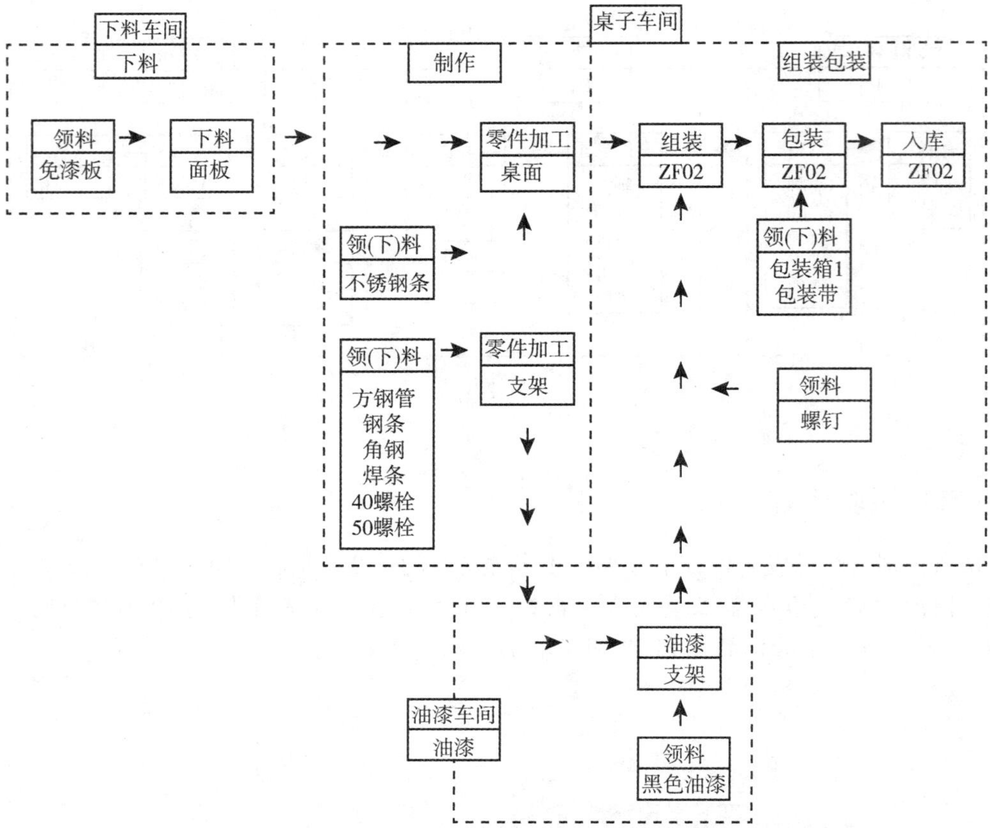

图2-5

2. YM02

YM02由1块座板、1副支架和1块靠背构成。座板用免漆板制作，用不锈钢条包边，支架由前、后支撑组成，用镀锌钢管制作，前、后支撑和座板用螺栓连接，靠背向别的厂家定制。

YM02生产在下料车间和椅子车间进行，分为座板下料、椅子制作和包装3个阶段，如图2-6所示。

（三）订单产品

楚风公司根据客户要求专门设计、生产办公桌椅，并销售给特定客户。现接一客户订单，生产为ZD01型桌子（以下简称ZD01）100张和YD01型椅子（以下简称YD01）200

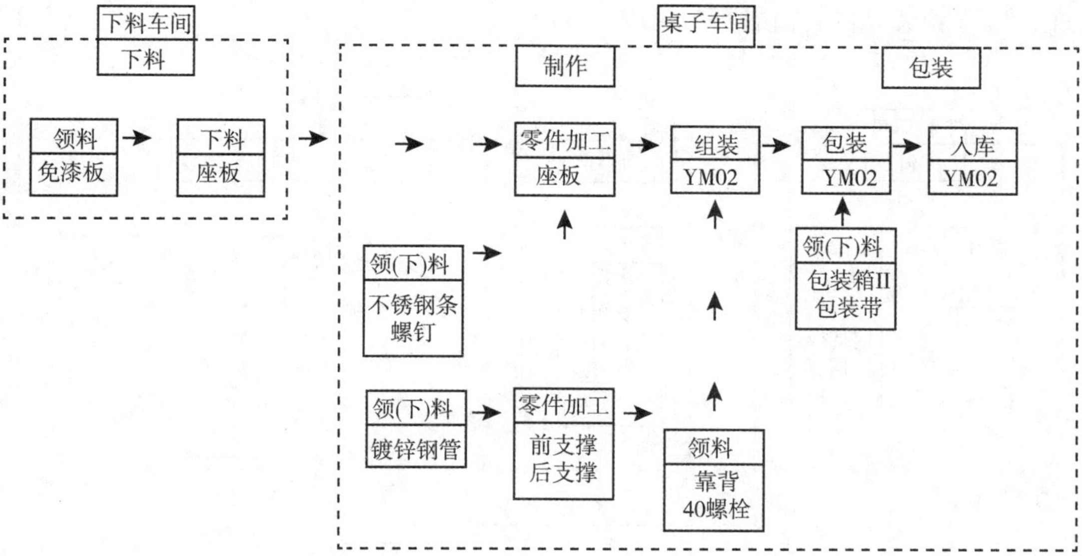

图 2-6

把，产品分别如图 2-7 所示。

图 2-7

1. ZD01

ZD01 由 1 块面板、1 块底板、1 块前挡板、2 块侧挡板和 1 块中撑板构成，它的各个部分全部由木料制作，采用榫卯方法连接。

ZD01 生产在下料车间、桌子车间和油漆车间进行，分为下料、制作（零件加工）、油漆和桌子组装包装 4 个阶段，如图 2-8 所示。

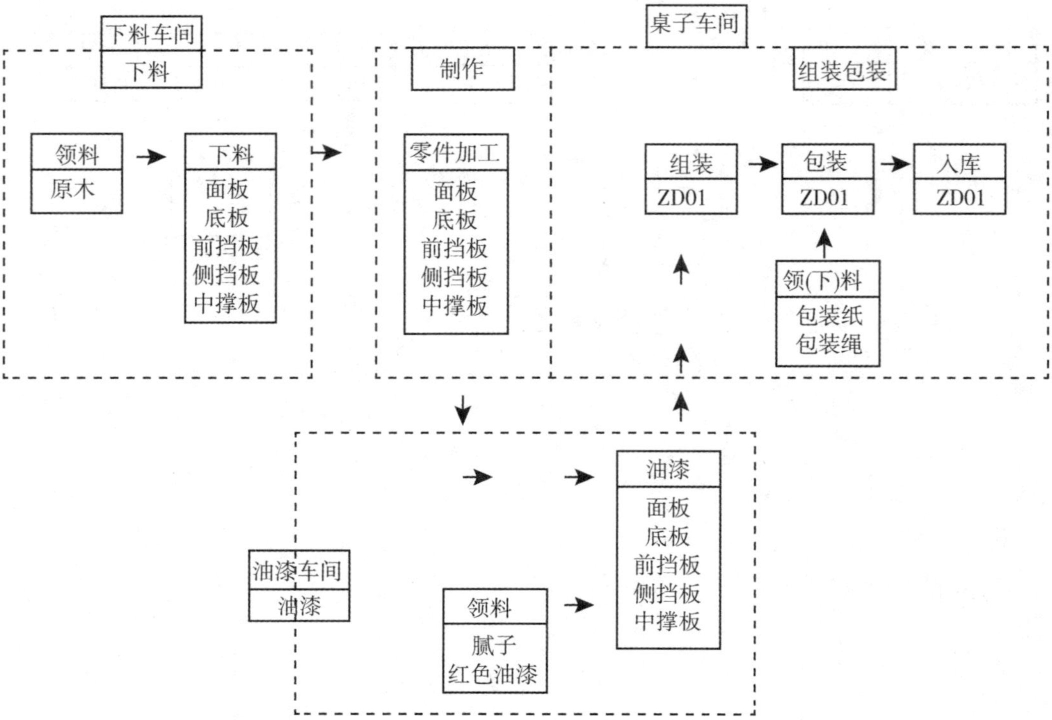

图 2-8

2. YD01

YD01 由 2 只前脚、2 只后脚、1 块座板、1 根横梁、4 根座撑、3 根撑档和 1 块靠背构成。座板和靠背都是用皮革包裹一块海绵在一块木板上。座板用螺钉固定在撑档上，靠背采用榫卯方法连接上下横背撑。

YD01 生产在下料车间、椅子车间和油漆车间进行，分为下料、制作（零件加工）、椅架油漆和椅子组装包装 4 个阶段，如图 2-9 所示。

（四）副产品

楚风公司在主要产品的生产过程中生产出刨花和木屑两种副产品，如图 2-10 所示。刨花产生于 ZF01、YM01、ZD01 和 YD01 的制作步骤，木屑产生于 ZF01、YM01、ZD01 和 YD01 的下料和制作步骤。

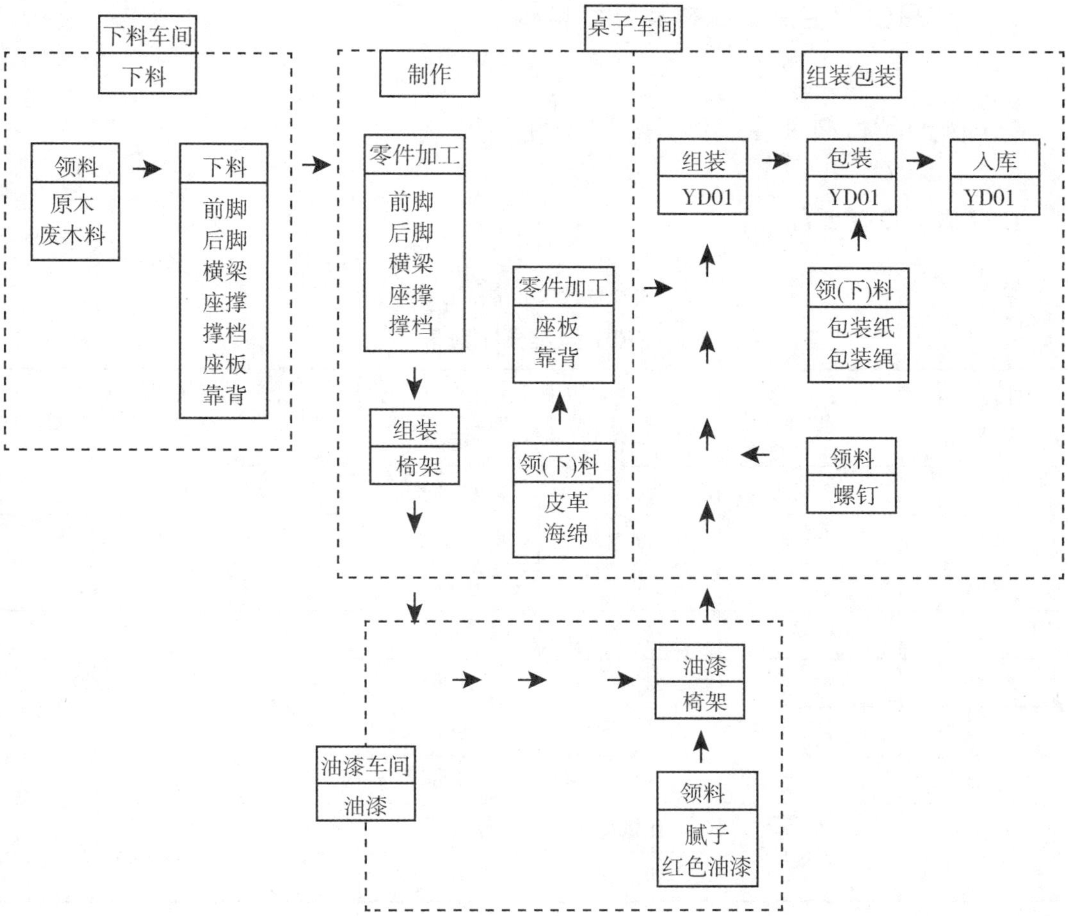
下料车间
下料
领料
原木
废木料
下料
前脚
后脚
横梁
座撑
撑档
座板
靠背
桌子车间
制作
零件加工
前脚
后脚
横梁
座撑
撑档
组装
椅架
零件加工
座板
靠背
领(下)料
皮革
海绵
组装包装
组装
YD01
包装
YD01
入库
YD01
领(下)料
包装纸
包装绳
领料
螺钉
油漆车间
油漆
油漆
椅架
领料
腻子
红色油漆

图 2-9

图 2-10

三、产品生产定额和原材料计划价格

（一）产品材料消耗定额与工时消耗定额

1. ZF01（见表 2-1）

表 2-1　武汉楚风家具有限公司

ZF01 型桌子定额表

零件或工序名称	单位	材料消耗定额		工时消耗定额（分钟）	
		用料	定额	下料	加工
桌面	张	原木	$19200cm^3$	12	36
桌脚	只	原木	$3240cm^3$	2	12
撑板	块	原木	$1008cm^3$	2	8
钢条加工	根	钢条	1m	—	5
组装	张	螺钉	20 颗	—	20
油漆	张	腻子	200ml	—	25
		透明油漆	200ml		
包装	张	包装纸	3m	—	5
		包装绳	6m		

2. YM01（见表 2-2）

表 2-2　武汉楚风家具有限公司

YM01 型椅子定额表

零件或工序名称	单位	材料消耗定额		工时消耗定额（分钟）	
		用料	定额	下料	加工
前脚	只	原木	$864cm^3$	2	4
后脚	只	原木	$1920cm^3$	2	6
座板	块	原木	$4860cm^3$	6	4
横梁	根	原木	$648cm^3$	2	4
撑档	根	原木或废木料	$216cm^3$	2	2

续表

零件或工序名称	单位	材料消耗定额		工时消耗定额（分钟）	
		用料	定额	下料	加工
组装	把	螺钉	10 颗	—	8
油漆	把	腻子	80ml	—	20
		透明油漆	80ml		
包装	把	包装纸	2m	—	5
		包装绳	5m		

注：所有撑档的尺寸基本相同，加工时间一致。

3. ZF02（见表 2-3）

表 2-3

武汉楚风家具有限公司

ZF02 型桌子定额表

零件或工序名称	单位	材料消耗定额		工时消耗定额（分钟）	
		用料	定额	下料	加工
桌面	张	免漆板	7500cm^2	2	10
		不锈钢条	4m	—	
支架	副	方钢管	3. 5m	8	24
		钢条	3m	2	
		角钢	4m	6	
		焊条	2 根	—	
支架油漆	副	黑色油漆	100ml	—	18
组装	张	40 螺栓	4 套	—	20
		50 螺栓	4 套		
		螺钉	40 颗		
包装	张	包装箱 I	1 个	—	4
		包装带	2. 5m		

4. YM02（见表 2-4）

表 2-4

武汉楚风家具有限公司

YM02 型椅子定额表

零件或工序名称	单位	材料消耗定额		工时消耗定额（分钟）	
		用料	定额	下料	加工
座板	块	免漆板	2500cm^2	2	—
		不锈钢条	2m	1	9
		螺钉	10 颗	—	
支架	根	镀锌钢管	3. 5m	2	6
组装	把	靠背	1 个	—	6
		40 螺栓	6 套		
包装	把	包装箱Ⅱ	1 个	—	4
		包装带	2m		

5. ZD01（见表 2-5）

表 2-5

武汉楚风家具有限公司

ZD01 型桌子定额表

零件或工序名称	单位	材料消耗定额		工时消耗定额（分钟）	
		用料	定额	下料	加工
面板	块	原木	12960cm^3	6	24
底板	块	原木	9720cm^3	6	24
前挡板	块	原木	16200cm^3	10	32
侧挡板	块	原木	8100cm^3	6	24
中撑板	块	原木	1620cm^3	2	4
面板油漆	块	腻子	100ml	—	12
		红色油漆	100ml		
底板油漆	块	腻子	100ml	—	12
		红色油漆	100ml		
前挡板油漆	块	腻子	150ml	—	12
		红色油漆	150ml		

续表

零件或工序名称	单位	材料消耗定额		工时消耗定额（分钟）	
		用料	定额	下料	加工
侧挡板油漆	块	腻子	60ml	—	12
		红色油漆	60ml		
中撑板油漆	块	腻子	20ml	—	4
		红色油漆	20ml		
组装	张	—	—	—	20
包装	张	包装纸	5m	—	5
		包装绳	10m		

6. YD01（见表 2-6）

表 2-6　　　　　　　　武汉楚风家具有限公司

YD01 型椅子定额表

零件或工序名称	单位	材料消耗定额		工时消耗定额（分钟）	
		用料	定额	下料	加工
前脚	只	原木	$1296cm^3$	2	6
后脚	只	原木	$2880cm^3$	2	8
座板	块	原木	$4860cm^3$	4	—
	块	皮革	$2500cm^2$	2	—
	块	海绵	$2000cm^2$	2	—
横梁	根	原木	$648cm^3$	2	4
靠背	块	原木	$3240cm^3$	4	—
	块	皮革	$2500cm^2$	2	—
	块	海绵	$2000cm^2$	2	—
座撑	根	原木	$1296cm^3$	2	6
撑档	根	原木或废木料	$216cm^3$	2	2
椅架	副	—	—	—	10
椅架油漆	副	腻子	80ml	—	20
		红色油漆	80ml		
组装	把	螺钉	20 颗	—	10

续表

零件或工序名称	单位	材料消耗定额		工时消耗定额（分钟）	
		用料	定额	下料	加工
包装	把	包装纸	2m	—	5
		包装绳	5m		

（二）其他费用耗费标准

如表 2-7 所示。

表 2-7　　武汉楚风家具有限公司

其他费用耗费标准表

费用名称	计算依据	耗费标准
产品人工费用	产品生产总工时	30.00 元/工时
制造费用	产品生产总工时	15.00 元/工时
废品损失	产品直接材料与直接人工之和	5‰

（三）原材料计划价格

如表 2-8 所示。

表 2-8　　武汉楚风家具有限公司

原材料计划价格表

材料类别	材料名称	规格型号	计量单位	计划价格（元）
主要材料	原木	杉木	m^3	800.00
	废木料		m^3	400.00
	免漆板	2000×1000×30	块	50.00
	方钢管	40×40×3500	根	50.00
	镀锌钢管	Φ30×3500	根	18.00
	钢条	2000×30×3	根	6.00
	不锈钢条	2000×30×0.5	根	2.00
	角钢	30×30×4000	根	60.00
	腻子		桶（10L）	100.00

续表

材料类别	材料名称	规格型号	计量单位	计划价格（元）
主要材料	油漆	透明	桶（10L）	200.00
	油漆	黑色	桶（10L）	200.00
	油漆	红色	桶（10L）	200.00
	靠背		个	10.00
	皮革	1000	匹（25m）	400.00
	海绵	2000×1000×30	块	20.00
辅助材料	螺钉	25	盒（100颗）	10.00
	螺栓	40	盒（40套）	18.00
	螺栓	50	盒（50套）	20.00
	焊条		包（100根）	50.00
包装材料	包装箱	Ⅰ型	个	10.00
	包装箱	Ⅱ型	个	6.00
	包装带		卷（20m）	8.00
	包装纸		卷（20m）	10.00
	包装绳		卷（50m）	5.00
修理用备件	电线	铜2.5	卷（100m）	150.00
	普通开关		个	2.00
	空气开关		个	20.00
	机油		壶（5L）	30.00
	钻头		个	3.00
	锯片		张	50.00
	铣刀		把	10.00
	夹头		个	15.00

四、会计核算方法与相关说明

（一）会计核算方法

（1）原材料采用计划成本核算，周转材料采用先进先出法，一次转销，固定资产分类计提折旧。

（2）常规产品分品种、分步骤（生产阶段）核算生产成本，单独核算废品损失，采用分项逐步结转法；试验产品分品种、分步骤（生产阶段）核算生产成本，采用平行结转法；订单产品采用分批法，分品种核算生产成本，不单独核算废品损失。

（3）几种产品共用材料按材料消耗定额分配，共用人工按工时消耗定额分配。

（4）副产品成本直接从相应产品（不含废品）材料成本中扣除。

（5）废品损失按定额确认，产品或零件共同的废木料按废品木料消耗定额分配，修复产品的废木料按废弃零件的木料消耗定额分配。

（6）辅助生产成本采用交互分配法，制造费用按产品工时定额分配。

（7）在完工产品和在产品之间分配生产成本时，能用约当产量的用约当产量，否则用定额。直接材料根据投料情况按产品材料定额分配，人工成本和制造费用按产品定额工时分配。本步骤发生的废品损失计入完工产品，前步骤转入的废品损失由完工产品和在产品按产品定额工时分配。

（二）相关说明

（1）木料由下料车间分批次在生产开始时一次性投入，油漆、腻子由油漆车间随生产进度均衡投入，其他主要材料由各车间在需要时一次性投入，包装材料只对完工产品投入。

（2）20×1 年 1 月份材料成本差异率为 4%，20×1 年 2 月份材料成本差异率为 5%。

（3）基本生产车间生产工人工资采取底薪加奖惩方法计发。底薪为基本工资加岗位工资，金额固定，根据考勤和考绩情况进行奖惩。其他职工采取计时工资，即基本工资加岗位工资，根据考勤情况进行处罚。

生产工人月工资=基本工资+岗位工资+奖金-考勤处罚-考绩处罚

生产工人每月必须完成规定的定额工时（称额定工时），超额或不足的，按产品人工费用耗费标准（称产品人工费用率）奖励或惩罚。

月额定工时=额定工作天数×每天有效工作时间

当月额定工作天数为当月日历天数扣除法定节假日天数，每天有效工作时间为 7 小时。

工人当月完成定额工时=（本月生产的全部产品或零件数量-本月人为原因报废且不可修复产品或零件数量）×产品或零件工时定额

（4）职工福利费按实际发生额摊销，工会经费、职工教育经费、养老保险、医疗保险、失业保险、工伤保险、生育保险和住房公积金分别按固定工资的 2%、1.5%、20%、8%、2%、1%、0.8%和 10%计提。

（5）废品由车间和技术品质部在产品或零件完工时检出。试验产品没有废品产生。

（6）可修复废品由生产部安排人员进行修复，并提交废品修复报告单，修复用料数量和修复工时由生产部核定。修复废品所用零件按定额计算材料费用和人工费用，所用原材料直接冲减该产品材料成本（不考虑材料成本差异），修复废品人工费用按产品人工费用率计算。

（7）回收的废木料按原木计划价格的50%计价。YM01的座板和撑档，YD01的座板、撑档和靠背无回收价值，不回收。钢条和螺钉由桌子车间、椅子车间回收再利用。废料回收不计工时。

（8）20×1年1月份额定工作天数为22天，2月份额定工作天数为15天。生产工人考勤结果为：20×1年1月份，下料车间20名生产工人全勤，桌子车间18名生产工人中有1人出勤9天，其余全勤，椅子车间26名生产工人中有1人出勤14天，其余全勤，油漆车间生产14名工人有1人出勤13天，其余全勤；20×1年2月，下料车间20名生产工人全勤，桌子车间18名生产工人中有1人出勤5天，其余全勤，椅子车间26名生产工人中有1人出勤5天，其余全勤，油漆车间生产14名工人全勤。

（9）进行成本分析时不考虑废品损失、回收材料成本和废品修复费用，忽略副产品成本。

第三章　凭证资料

一、20×1 年 1 月凭证资料

（一）生产情况记录

1. 下料车间

如表 3-1 所示。

表 3-1

武汉楚风家具有限公司

生产情况报告单

车间：下料车间　　　　20×1 年 1 月

产品（零件）名称	月初在产品		本月投产数量(件)	本月完工数量		月末在产品	
	数量(件)	完工程度		合格(件)	报废(件)	数量(件)	完工程度
ZF01 桌面	0		1220	1160	20	40	50%
ZF01 桌脚	0		4860	4620	50	190	50%
ZF01 撑板	0		4850	4610	30	210	50%
YM01 前脚	0		9640	9160	20	460	50%
YM01 后脚	0		9640	9160	30	450	50%
YM01 座板	0		4850	4610	40	200	50%
YM01 横梁	0		4840	4600	40	200	50%
YM01 撑档	0		48150	45740	50	2360	50%
ZF02 桌面	0		200	200	0	0	
YM02 座板	0		400	400	0	0	
ZD01 面板	0		105	104	1	0	
ZD01 底板	0		105	104	1	0	
ZD01 前挡板	0		105	105	0	0	
ZD01 侧挡板	0		210	208	2	0	

续表

产品（零件）名称	月初在产品		本月投产数量(件)	本月完工数量		月末在产品	
	数量(件)	完工程度		合格(件)	报废(件)	数量(件)	完工程度
ZD01 中撑板	0		105	104	1	0	
YD01 前脚	0		420	418	2	0	
YD01 后脚	0		420	418	2	0	
YD01 座板	0		210	210	0	0	
YD01 横梁	0		210	208	2	0	
YD01 靠背	0		210	209	1	0	
YD01 座撑	0		840	833	7	0	
YD01 撑档	0		630	625	5	0	

审核人：赵启运　　填表人：李斌　　日期：20×1 年 1 月 31 日

2. 桌子车间

如表 3-2 所示。

表 3-2

武汉楚风家具有限公司

生产情况报告单

车间：桌子车间　　20×1 年 1 月

产品（零件）名称	月初在产品		本月投产数量(件)	本月完工数量		月末在产品	
	数量(件)	完工程度		合格(件)	报废(件)	数量(件)	完工程度
ZF01 桌面	0		1160	1096	4	60	50%
ZF01 桌脚	0		4620	4392	8	220	50%
ZF01 撑板	0		4610	4380	6	224	50%
ZF01 钢条	0		2400	2280	0	120	50%
ZF01（组装）	0		1095	1045	0	50	50%
ZF02 桌面	0		200	200	0	0	
ZF02 支架	0		200	200	0	0	
ZF02（组装）	0		160	120	0	40	0%
ZF02（包装）	0		120	120	0	0	
ZD01 面板	0		104	99	1	4	50%

续表

产品（零件）名称	月初在产品		本月投产数量(件)	本月完工数量		月末在产品	
	数量(件)	完工程度		合格(件)	报废(件)	数量(件)	完工程度
ZD01 底板	0		104	100	0	4	50%
ZD01 前挡板	0		105	100	1	4	50%
ZD01 侧挡板	0		208	199	1	8	50%
ZD01 中撑板	0		104	100	0	4	50%
ZD01（组装）	0		95	86	0	9	0%
ZD01（包装）	0		86	86	0	0	

审核人：袁世杰　　　　填表人：赵明　　　　日期：20×1 年 1 月 31 日

3. 椅子车间

如表 3-3 所示。

表 3-3

武汉楚风家具有限公司

生产情况报告单

车间：椅子车间　　　　20×1 年 1 月

产品（零件）名称	月初在产品		本月投产数量(件)	本月完工数量		月末在产品	
	数量(件)	完工程度		合格(件)	报废(件)	数量(件)	完工程度
YM01 前脚	0		9160	8705	35	420	50%
YM01 后脚	0		9160	8702	28	430	50%
YM01 座板	0		4610	4380	20	210	50%
YM01 横梁	0		4600	4370	40	190	50%
YM01 撑档	0		45740	43450	50	2240	50%
YM01（组装）	0		4370	4150	0	220	50%
YM02 座板	0		400	400	0	0	
YM02 支架	0		400	400	0	0	
YM02（组装）	0		400	360	0	40	0%
YM02（包装）	0		360	360	0	0	
YD01 前脚	0		418	381	1	36	50%

续表

产品（零件）名称	月初在产品		本月投产数量(件)	本月完工数量		月末在产品	
	数量(件)	完工程度		合格(件)	报废(件)	数量(件)	完工程度
YD01 后脚	0		418	381	1	36	50%
YD01 座板	0		210	193	1	16	50%
YD01 横梁	0		208	191	1	16	50%
YD01 靠背	0		209	190	3	16	50%
YD01 座撑	0		833	763	4	66	50%
YD01 撑档	0		625	571	2	52	50%
YD01 椅架	0		190	170	0	20	50%
YD01（组装）	0		150	140	0	10	0%
YD01（包装）	0		140	140	0	0	

审核人：韩立威　　填表人：王波　　日期：20×1 年 1 月 31 日

4. 油漆车间

如表 3-4 所示。

表 3-4

武汉楚风家具有限公司

生产情况报告单

车间：油漆车间　　20×1 年 1 月

产品（零件）名称	月初在产品		本月投产数量(件)	本月完工数量		月末在产品	
	数量(件)	完工程度		合格(件)	报废(件)	数量(件)	完工程度
ZF01（油漆）	0		1045	994	1	50	50%
ZF01（包装）	0		995	995	0	0	
YM01（油漆）	0		4150	3948	2	200	50%
YM01（包装）	0		3950	3950	0	0	
ZF02 支架	0		200	160	0	40	50%
ZD01 面板	0		99	95	0	4	50%
ZD01 底板	0		100	95	1	4	50%
ZD01 前挡板	0		100	94	0	6	50%

续表

产品（零件）名称	月初在产品		本月投产数量(件)	本月完工数量		月末在产品	
	数量(件)	完工程度		合格(件)	报废(件)	数量(件)	完工程度
ZD01 侧挡板	0		199	190	1	8	50%
ZD01 中撑板	0		100	96	0	4	50%
YD01 椅架	0		170	150	0	20	50%

审核人：谭秀　　填表人：刘阳　　日期：20×1 年 1 月 31 日

（二）其他会计岗位填制的相关记账凭证

1-1：

记　账　凭　证

记字第 8 1/2 号

20×1 年 1 月 5 日

摘要	总账科目	明细科目	借方金额	贷方金额	√
购办公用品	制造费用	下料车间-办公费	12000		
	制造费用	桌子车间-办公费	12000		
	制造费用	椅子车间-办公费	12000		
	制造费用	油漆车间-办公费	12000		
	生产成本	修理车间-办公费	10000		
	生产成本	配电车间-办公费	10000		
合计			¥68000		

附单据 6 张

会计主管：　记账：　出纳：　复核：张玲　制单：魏虹

1-2：

记　账　凭　证

记字第 8 2/2 号

20×1 年 1 月 5 日

摘要	总账科目	明细科目	借方金额	贷方金额	√
购办公用品	销售费用	办公费	12000		√
	管理费用	办公费	136000		√
	研发支出	办公费	12000		√
	银行存款	建设银行		228000	√
合计			¥228000	¥228000	

附单据　张

会计主管：　记账：张玲 刘云　出纳：王丽　复核：张玲　制单：魏虹

2-1：

记 账 凭 证

记字第 15 $\frac{1}{2}$ 号

20×1 年 1 月 8 日

摘要	科目		借方金额（千百十万千百十元角分）	贷方金额（千百十万千百十元角分）	√
	总账科目	明细科目			
付电话费、网费	制造费用	下料车间-办公费	10000		
	制造费用	桌子车间-办公费	12000		
	制造费用	椅子车间-办公费	11000		
	制造费用	油漆车间-办公费	9000		
	生产成本	修理车间-办公费	12000		
	生产成本	配电车间-办公费	8000		
合计			¥62000		

附单据 5 张

会计主管：　记账：　出纳：　复核：张玲　制单：魏虹

2-2：

记 账 凭 证

记字第 15 $\frac{2}{2}$ 号

20×1 年 1 月 8 日

摘要	科目		借方金额（千百十万千百十元角分）	贷方金额（千百十万千百十元角分）	√
	总账科目	明细科目			
付电话费、网费	销售费用	办公费	24000		√
	管理费用	办公费	61000		√
	研发支出	办公费	3000		√
	应交税费	应交增值税-进项税额	12900		√
	银行存款	工商银行		162900	√
合计			¥162900	¥162900	

附单据 张

会计主管：　记账：张玲 刘云　出纳：王丽　复核：张玲　制单：魏虹

3：

记 账 凭 证

记字第 28 号

20×1 年 1 月 15 日

摘要	科目		借方金额（千百十万千百十元角分）	贷方金额（千百十万千百十元角分）	√
	总账科目	明细科目			
车间设备修理	制造费用	下料车间-修理费	200000		
	应交税费	应交增值税-进项税额	26000		√
	银行存款	建设银行		226000	√
合计			¥226000	¥226000	

附单据 3 张

会计主管：　记账：刘云　出纳：王丽　复核：张玲　制单：魏虹

4：

记　账　凭　证

记字第 38 号

20×1 年　1 月 19 日

摘　要	科　目		借方金额										贷方金额										√
	总账科目	明细科目	千	百	十	万	千	百	十	元	角	分	千	百	十	万	千	百	十	元	角	分	
车间设备修理	制造费用	椅子车间-修理费					3	0	0	0	0	0											
	应交税费	应交增值税-进项税额						3	9	0	0	0											√
	银行存款	建设银行															3	3	9	0	0	0	√
合　计						¥	3	3	9	0	0	0				¥	3	3	9	0	0	0	

附单据 3 张

会计主管：　记账：刘云　出纳：王丽　复核：张玲　制单：魏虹

5：

记　账　凭　证

记字第 45 号

20×1 年　1 月 26 日

摘　要	科　目		借方金额										贷方金额										√
	总账科目	明细科目	千	百	十	万	千	百	十	元	角	分	千	百	十	万	千	百	十	元	角	分	
付电费	生产成本	配电车间-水电费				2	6	8	6	3	2	0											
	应交税费	应交增值税-进项税额					3	4	9	2	2	2											√
	银行存款	工商银行														3	0	3	5	5	4	2	√
合　计					¥	3	0	3	5	5	4	2			¥	3	0	3	5	5	4	2	

附单据 1 张

会计主管：　记账：刘云　出纳：王丽　复核：张玲　制单：魏虹

6-1：

记　账　凭　证

记字第 $46\frac{1}{2}$ 号

20×1 年　1 月 26 日

摘　要	科　目		借方金额										贷方金额										√
	总账科目	明细科目	千	百	十	万	千	百	十	元	角	分	千	百	十	万	千	百	十	元	角	分	
付水费	制造费用	下料车间-水电费							9	0	0	0											
	制造费用	桌子车间-水电费							7	2	0	0											
	制造费用	椅子车间-水电费						1	0	8	0	0											
	制造费用	油漆车间-水电费							9	0	0	0											
	生产成本	修理车间-水电费							5	4	0	0											
	生产成本	配电车间-水电费								7	2	0											
合　计							¥	4	2	1	2	0											

附单据 3 张

会计主管：　记账：　出纳：　复核：张玲　制单：魏虹

6-2：

记 账 凭 证

记字第46 $\frac{2}{2}$ 号

20×1 年 1 月 26 日

摘要	总账科目	明细科目	借方金额	贷方金额	√
付水费	管理费用	水电费	12600		√
	销售费用	水电费	720		√
	研发支出	水电费	360		√
	应交税费	应交增值税-进项税额	5022		√
	银行存款	工商银行		60822	√
合计			¥60822	¥60822	

附单据 张

会计主管：　记账：张玲 刘云　出纳：王丽　复核：张玲　制单：魏虹

7-1：

记 账 凭 证

记字第59 $\frac{1}{3}$ 号

20×1 年 1 月 30 日

摘要	总账科目	明细科目	借方金额	贷方金额	√
领用周转材料	制造费用	下料车间-工具用品	368100		
	制造费用	桌子车间-工具用品	268800		
	制造费用	椅子车间-工具用品	426000		
	制造费用	油漆车间-工具用品	288000		
	生产成本	修理车间-工具用品	44800		
	生产成本	配电车间-工具用品	41300		
合计			¥1437000		

附单据1张

会计主管：　记账：　出纳：　复核：张玲　制单：魏虹

7-2：

记 账 凭 证

记字第59 $\frac{2}{3}$ 号

20×1 年 1 月 30 日

摘要	总账科目	明细科目	借方金额	贷方金额	√
领用周转材料	管理费用	工具用品	4800		√
	销售费用	工具用品	2800		√
	周转材料	卷尺		2000	√
	周转材料	角尺		1600	√
	周转材料	螺丝刀		12000	√
	周转材料	钳子		4000	√
合计			¥1444600	¥19600	

附单据 张

会计主管：　记账：魏虹 张玲　出纳：　复核：张玲　制单：魏虹

7-3：

记 账 凭 证

记字第 59 $\frac{3}{3}$ 号

20×1 年 1 月 30 日

摘要	科目		借方金额										贷方金额										√
	总账科目	明细科目	千	百	十	万	千	百	十	元	角	分	千	百	十	万	千	百	十	元	角	分	
领用周转材料	周转材料	木锤																	1	0	0	0	√
	周转材料	喷枪																	6	0	0	0	√
	周转材料	工作服														1	0	4	0	0	0	0	√
	周转材料	口罩																5	2	0	0	0	√
	周转材料	手套																6	6	0	0	0	√
	周转材料	劳保鞋															2	6	0	0	0	0	√
合计					¥	1	4	4	4	6	0	0			¥	1	4	4	4	6	0	0	

附单据 张

会计主管： 记账：魏虹 出纳： 复核：张玲 制单：魏虹

8-1：

记 账 凭 证

记字第 60 $\frac{1}{2}$ 号

20×1 年 1 月 31 日

摘要	科目		借方金额										贷方金额										√
	总账科目	明细科目	千	百	十	万	千	百	十	元	角	分	千	百	十	万	千	百	十	元	角	分	
计提固定资产折旧	制造费用	下料车间–固定资产折旧				1	2	7	5	3	6	0											
	制造费用	桌子车间–固定资产折旧				1	1	8	8	9	6	0											
	制造费用	椅子车间–固定资产折旧				1	3	8	0	9	6	0											
	制造费用	油漆车间–固定资产折旧				1	1	2	1	7	6	0											
	生产成本	修理车间–固定资产折旧					4	0	8	1	6	0											
	生产成本	配电车间–固定资产折旧					3	1	0	5	6	0											
合计					¥	5	6	8	5	7	6	0											

附单据 5 张

会计主管： 记账： 出纳： 复核：张玲 制单：郑珊

8-2：

记 账 凭 证

记字第 60 $\frac{2}{2}$ 号

20×1 年 1 月 31 日

摘要	科目		借方金额										贷方金额										√
	总账科目	明细科目	千	百	十	万	千	百	十	元	角	分	千	百	十	万	千	百	十	元	角	分	
计提固定资产折旧	管理费用	固定资产折旧				3	0	7	9	6	3	9											√
	销售费用	固定资产折旧					4	2	2	0	8	0											√
	研发支出	固定资产折旧					1	4	0	1	6	0											√
	累计折旧															9	3	2	7	6	3	9	√
合计					¥	9	3	2	7	6	3	9			¥	9	3	2	7	6	3	9	

附单据 张

会计主管： 记账：郑珊 出纳： 复核：张玲 制单：郑珊

（三）有关原始凭证及成本计算表格

1：

武汉楚风家具有限公司

累 计 领 料 单

№20210001

20×1 年 1 月

部门：桌子车间　　　　用途：生产 ZF01

材料名称	规格型号	计量单位	第 1 次领料	第 2 次领料	第 3 次领料	总金额（元）
钢条	2000×30×3	根	600	600		
领料人签名			赵明	赵明		备　注
仓库保管员签名			任真	任真		
领料日期			1. 4	1. 15		

②财务

2-1：

武汉楚风家具有限公司

累 计 领 料 单

№20210010

20×1 年 1 月

部门：桌子车间　　　　用途：生产 ZF02

材料名称	规格型号	计量单位	第 1 次领料	第 2 次领料	第 3 次领料	总金额（元）
方钢管	40×40×3500	根	200			
钢条	2000×30×3	根	300			
不锈钢条	2000×30×0. 5	根	400			
领料人签名			赵明			备　注
仓库保管员签名			任真			
领料日期			1. 12			

②财务

2-2：

武汉楚风家具有限公司

累计领料单

№20210011

20×1 年 1 月

部门：桌子车间　　　　用途：生产 ZF02

材料名称	规格型号	计量单位	第 1 次领料	第 2 次领料	第 3 次领料	总金额（元）
角钢	30×30×4000	根	200			
焊条		包	4			
领料人签名			赵明			备　注
仓库保管员签名			任真			
领料日期			1. 12			

②财务

3-1：

武汉楚风家具有限公司

累计领料单

№20210012

20×1 年 1 月

部门：椅子车间　　　　用途：生产 YM02

材料名称	规格型号	计量单位	第 1 次领料	第 2 次领料	第 3 次领料	总金额（元）
不锈钢条	2000×30×0. 5	根	400			
螺钉	25	盒	40			
镀锌钢管	Φ30×3500	根	400			
领料人签名			王波			备　注
仓库保管员签名			任真			
领料日期			1. 12			

②财务

3-2：

武汉楚风家具有限公司

累计领料单

№20210013

20×1 年 1 月

部门：椅子车间　　　　用途：生产 YM02

材料名称	规格型号	计量单位	第 1 次领料	第 2 次领料	第 3 次领料	总金额（元）
靠背		个	400			
螺栓	40	盒	60			
领料人签名			王波			备　注
仓库保管员签名			任真			
领料日期			1. 12			

②财务

4：

武汉楚风家具有限公司

累计领料单

№20210015

20×1 年 1 月

部门：油漆车间　　　　用途：生产 ZF02

材料名称	规格型号	计量单位	第 1 次领料	第 2 次领料	第 3 次领料	总金额（元）
油漆	黑色	桶	2			
领料人签名			刘阳			备　注
仓库保管员签名			任真			
领料日期			1. 15			

②财务

5：

武汉楚风家具有限公司

累 计 领 料 单

№20210016

20×1 年 1 月

部门：桌子车间　　用途：生产 ZF02

材料名称	规格型号	计量单位	第 1 次领料	第 2 次领料	第 3 次领料	总金额（元）
螺栓	40	盒	16			
螺栓	50	盒	16			
螺钉	25	盒	64			
领料人签名			赵明			备　注
仓库保管员签名			任真			
领料日期			1. 10			

②财务

6：

武汉楚风家具有限公司

累 计 领 料 单

№20210020

20×1 年 1 月

部门：椅子车间　　用途：生产 YD01

材料名称	规格型号	计量单位	第 1 次领料	第 2 次领料	第 3 次领料	总金额（元）
皮革	1200	匹	4			
海绵	2000×1000×30	块	42			
螺钉	25	盒	42			
领料人签名			王波			备　注
仓库保管员签名			任真			
领料日期			1. 23			

②财务

7-1：

武汉楚风家具有限公司

累计领料单

№20210002

20×1 年 1 月

部门：桌子车间　　　　用途：生产 ZF01

材料名称	规格型号	计量单位	第 1 次领料	第 2 次领料	第 3 次领料	总金额（元）
螺钉	25	盒	75	75	75	
领料人签名			赵明	赵明	赵明	备　注
仓库保管员签名			任真	任真	任真	
领料日期			1. 4	1. 15	1. 26	

②财务

7-2：

武汉楚风家具有限公司

材料退库单

№20210001

20×1 年 1 月 31 日

部门：桌子车间　　　　原用途：生产 ZF01

材料名称	规格型号	计量单位	退库数量	退库金额（元）
螺钉	25	盒	6	

②财务

退料人：赵明　　　　仓库保管员：任真

8-1：

武汉楚风家具有限公司

累计领料单

№20210004

20×1年1月

部门：椅子车间　　　　用途：生产YM01

材料名称	规格型号	计量单位	第1次领料	第2次领料	第3次领料	总金额（元）
螺钉	25	盒	180	180	100	
领料人签名			王波	王波	王波	备　注
仓库保管员签名			任真	任真	任真	
领料日期			1.4	1.12	1.22	

②财务

8-2：

武汉楚风家具有限公司

材料退库单

№20210003

20×1年1月

部门：椅子车间　　　　原用途：生产YM01

材料名称	规格型号	计量单位	退库数量	退库金额（元）
螺钉	25	盒	23	

②财务

退料人：王波　　　　仓库保管员：任真

9-1：

武汉楚风家具有限公司

累 计 领 料 单

№20210014

20×1 年 1 月

部门：椅子车间　　　　　　　　　　　　　　　　　　　　用途：生产 YM02

<table>
<tr><td>材料名称</td><td>规格型号</td><td>计量
单位</td><td>第 1 次
领料</td><td>第 2 次
领料</td><td>第 3 次
领料</td><td>总金额（元）</td></tr>
<tr><td>包装箱</td><td>Ⅱ型</td><td>个</td><td>400</td><td></td><td></td><td></td></tr>
<tr><td>包装带</td><td></td><td>卷</td><td>40</td><td></td><td></td><td></td></tr>
<tr><td></td><td></td><td></td><td></td><td></td><td></td><td></td></tr>
<tr><td colspan="3">领料人签名</td><td>王波</td><td></td><td></td><td>备　注</td></tr>
<tr><td colspan="3">仓库保管员签名</td><td>任真</td><td></td><td></td><td rowspan="2"></td></tr>
<tr><td colspan="3">领料日期</td><td>1. 12</td><td></td><td></td></tr>
</table>

②财务

9-2：

武汉楚风家具有限公司

材 料 退 库 单

№20210008

20×1 年 1 月 31 日

部门：椅子车间　　　　　　　　　　　　　　　　　　　　原用途：生产 YM02

材料名称	规格型号	计量单位	退库数量	退库金额（元）
包装箱	Ⅱ型	个	40	
包装带		卷	4	

②财务

退料人：王波　　　　　　　　　　　　　　　　　　　　仓库保管员：任真

10-1：

武汉楚风家具有限公司

累计领料单

№20210017

20×1年1月

部门：桌子车间　　　　用途：生产 ZF02

材料名称	规格型号	计量单位	第1次领料	第2次领料	第3次领料	总金额（元）
包装箱	Ⅰ型	个	160			
包装带		卷	20			
领料人签名			赵明			备　注
仓库保管员签名			任真			
领料日期			1.19			

②财务

10-2：

武汉楚风家具有限公司

材料退库单

№20210009

20×1年1月31日

部门：桌子车间　　　　原用途：生产 ZF02

材料名称	规格型号	计量单位	退库数量	退库金额（元）
包装箱	Ⅰ型	个	40	
包装带		卷	5	

②财务

退料人：王波　　　　仓库保管员：任真

11-1：

武汉楚风家具有限公司

累计领料单

№20210021

20×1年1月

部门：桌子车间　　　　用途：生产ZD01

材料名称	规格型号	计量单位	第1次领料	第2次领料	第3次领料	总金额（元）
包装纸		卷	25			
包装绳		卷	20			
领料人签名			赵明			备　注
仓库保管员签名			任真			
领料日期			1.26			

②财务

11-2：

武汉楚风家具有限公司

材料退库单

№20210011

20×1年1月31日

部门：桌子车间　　　　原用途：生产ZD01

材料名称	规格型号	计量单位	退库数量	退库金额（元）
包装纸		卷	3	
包装绳		卷	3	

②财务

退料人：赵明　　　　仓库保管员：任真

12-1：

武汉楚风家具有限公司

累计领料单

№20210022

20×1 年 1 月

部门：椅子车间 用途：生产 YD01

材料名称	规格型号	计量单位	第 1 次领料	第 2 次领料	第 3 次领料	总金额（元）
包装纸		卷	15			
包装绳		卷	15			
领料人签名			王波			备 注
仓库保管员签名			任真			
领料日期			1. 26			

②财务

12-2：

武汉楚风家具有限公司

材料退库单

№20210012

20×1 年 1 月 31 日

部门：椅子车间 原用途：生产 YD01

材料名称	规格型号	计量单位	退库数量	退库金额（元）
包装纸		卷	1	
包装绳		卷	1	

②财务

退料人：王波 仓库保管员：任真

13-1：

武汉楚风家具有限公司

累计领料单

№20210003

20×1年1月

部门：下料车间　　　　用途：生产ZF01、YM01

材料名称	规格型号	计量单位	第1次领料	第2次领料	第3次领料	总金额（元）
原木	杉木	m^3	40.25	40.15	27.45	
领料人签名			李斌	李斌	李斌	备　注
仓库保管员签名			任真	任真	任真	
领料日期			1.4	1.12	1.23	

②财务

13-2：

武汉楚风家具有限公司

材料退库单

№20210002

20×1年1月31日

部门：下料车间　　　　原用途：生产ZF01、YM01

材料名称	规格型号	计量单位	退库数量	退库金额（元）
原木	杉木	m^3	5.85	

②财务

退料人：李斌　　　　仓库保管员：任真

13-3：

武汉楚风家具有限公司

产品共同费用分摊表

20×1 年 1 月

费用名称：木料　　　　　　　　　　　　　　　　　　车间：下料车间

产品	零件	材料定额（cm^3/件）	投产量（件）	总定额（m^3）	分摊率（元/m^3）	分摊金额（元）
ZF01	桌面					
	桌脚					
	撑板					
YM01	前脚					
	后脚					
	座板					
	横梁					
	撑档					
合　计		—	—		—	

制表：　　　　　　　　　　　　　　　　　　　　　　20×1 年 1 月 31 日

14-1：

武汉楚风家具有限公司

累 计 领 料 单

№20210009

20×1 年 1 月

部门：下料车间　　　　　　　　　　　　　　　　用途：生产 ZF02、YM02

材料名称	规格型号	计量单位	第 1 次领料	第 2 次领料	第 3 次领料	总金额（元）
免漆板	2000×1000×30	块	125			
领料人签名			李斌			备　注
仓库保管员签名			任真			
领料日期			1. 12			

②财务

14-2：

武汉楚风家具有限公司

产品共同费用分摊表

20×1 年 1 月

费用名称：免漆板　　　　车间：下料车间

产品	零件	材料定额（cm^2/件）	投产量（件）	总定额（m^2）	分摊率（元/m^2）	分摊金额（元）
ZF02	桌面					
YM02	座板					
合　计		—	—		—	

制表：　　　　20×1 年 1 月 31 日

15-1：

武汉楚风家具有限公司

累 计 领 料 单

№20210018

20×1 年 1 月

部门：下料车间　　　　用途：生产 ZD01、YD01

材料名称	规格型号	计量单位	第 1 次领料	第 2 次领料	第 3 次领料	总金额（元）
原木	杉木	m^3	10.77			
领料人签名			李斌			备　注
仓库保管员签名			任真			
领料日期			1.22			

②财务

15-2

武汉楚风家具有限公司

材 料 退 库 单

№20210010

20×1 年 1 月 31 日

部门：下料车间　　原用途：生产 ZD01、YD01

材料名称	规格型号	计量单位	退库数量	退库金额（元）
原木	杉木	m^3	0.57	

②财务

退料人：李斌　　仓库保管员：任真

15-3：

武汉楚风家具有限公司

产品共同费用分摊表

20×1 年 1 月

费用名称：木料　　车间：下料车间

产品	零件	材料定额（cm^3/件）	投产量（件）	总定额（m^3）	分摊率（元/m^3）	分摊金额（元）
ZD01	面板					
	底板					
	前挡板					
	侧挡板					
	中撑板					
YD01	前脚					
	后脚					
	座板					
	横梁					
	靠背					
	座撑					
	撑档					
合　计		—	—		—	

制表：　　20×1 年 1 月 31 日

16-1：

武汉楚风家具有限公司

累 计 领 料 单

№20210005

20×1 年 1 月

部门：油漆车间　　　　用途：生产 ZF01、YM01

材料名称	规格型号	计量单位	第 1 次领料	第 2 次领料	第 3 次领料	总金额（元）
腻子		桶	20	20	14	
领料人签名			刘阳	刘阳	刘阳	备　注
仓库保管员签名			任真	任真	任真	
领料日期			1. 5	1. 15	1. 23	

②财务

16-2：

武汉楚风家具有限公司

材 料 退 库 单

№20210004

20×1 年 1 月 31 日

部门：油漆车间　　　　原用途：生产 ZF01、YM01

材料名称	规格型号	计量单位	退库数量	退库金额（元）
腻子		桶	2	

②财务

退料人：刘阳　　　　仓库保管员：任真

16-3：

武汉楚风家具有限公司

产品约当产量计算表

20×1 年 1 月

车间：油漆车间

产　品	月初在产品		本月完工数量（件）	月末在产品		作业量（件）
	数量（件）	完工程度		数量（件）	完工程度	
ZF01						
YM01						

制表：　　　　20×1 年 1 月 31 日

16-4：

武汉楚风家具有限公司

产品共同费用分摊表

20×1年1月

费用名称：腻子　　　　车间：油漆车间

产品	材料定额（ml/件）	作业量（件）	总定额（L）	分摊率（元/L）	分摊金额（元）
ZF01					
YM01					
合计	—	—		—	

制表：　　　　20×1年1月31日

17-1：

武汉楚风家具有限公司

累计领料单

№20210006

20×1年1月

部门：油漆车间　　　　用途：生产ZF01、YM01

材料名称	规格型号	计量单位	第1次领料	第2次领料	第3次领料	总金额（元）
油漆	透明	桶	20	20	14	
领料人签名			刘阳	刘阳	刘阳	备　注
仓库保管员签名			任真	任真	任真	
领料日期			1.4	1.15	1.23	

②财务

17-2：

武汉楚风家具有限公司

材料退库单

№20210005

20×1年1月31日

部门：油漆车间　　　　原用途：生产ZF01、YM01

材料名称	规格型号	计量单位	退库数量	退库金额（元）
油漆	透明	桶	2	

②财务

退料人：刘阳　　　　仓库保管员：任真

17-3：

武汉楚风家具有限公司

产品共同费用分摊表

20×1 年 1 月

费用名称：油漆　　　　车间：油漆车间

产 品	材料定额（ml/件）	作业量（件）	总定额（L）	分摊率（元/L）	分摊金额（元）
ZF01					
YM01					
合 计	—	—		—	

制表：　　　　20×1 年 1 月 31 日

18-1：

武汉楚风家具有限公司

累 计 领 料 单

№20210019

20×1 年 1 月

部门：油漆车间　　　　用途：生产 ZD01、YD01

材料名称	规格型号	计量单位	第 1 次领料	第 2 次领料	第 3 次领料	总金额（元）
腻子		桶	6			
油漆	红色	桶	6			
领料人签名			刘阳			备 注
仓库保管员签名			任真			
领料日期			1. 23			

②财务

18-2：

武汉楚风家具有限公司

产品作业量计算表

20×1年1月

车间：油漆车间

产品	零件	月初在产品		本月完工数量（件）	月末在产品		作业量（件）
		数量（件）	完工程度		数量（件）	完工程度	
ZD01	面板						
	底板						
	前挡板						
	侧挡板						
	中撑板						
YD01	椅架						

制表：　　　　20×1年1月31日

18-3：

武汉楚风家具有限公司

产品共同费用分摊表

20×1年1月

费用名称：腻子　　　　车间：油漆车间

产品	零件	材料定额（ml/件）	作业量（件）	总定额（L）	分摊率（元/L）	分摊金额（元）
ZD01	面板					
	底板					
	前挡板					
	侧挡板					
	中撑板					
YD01	椅架					
合　计		—	—		—	

制表：　　　　20×1年1月31日

18-4：

武汉楚风家具有限公司

产品共同费用分摊表

20×1 年 1 月

费用名称：油漆　　　　车间：油漆车间

产品	零件	材料定额（ml/件）	作业量（件）	总定额（L）	分摊率（元/L）	分摊金额（元）
ZD01	面板					
	底板					
	前挡板					
	侧挡板					
	中撑板					
YD01	椅架					
合　计		—	—		—	

制表：　　　　20×1 年 1 月 31 日

19-1：

武汉楚风家具有限公司

累 计 领 料 单

№20210007

20×1 年 1 月

部门：油漆车间　　　　用途：生产 ZF01、YM01

材料名称	规格型号	计量单位	第 1 次领料	第 2 次领料	第 3 次领料	总金额（元）
包装纸		卷	200	200	172	
领料人签名			刘阳	刘阳	刘阳	备　注
仓库保管员签名			任真	任真	任真	
领料日期			1. 8	1. 15	1. 26	

②财务

19-2：

武汉楚风家具有限公司

材 料 退 库 单

№20210006

20×1 年 1 月 31 日

部门：油漆车间　　原用途：生产 ZD01、YM01

材料名称	规格型号	计量单位	退库数量	退库金额（元）
包装纸		卷	20	

②财务

退料人：刘阳　　仓库保管员：任真

19-3：

武汉楚风家具有限公司

产品共同费用分摊表

20×1 年 1 月

费用名称：包装纸　　车间：油漆车间

产　品	材料定额（m/件）	完工产量（件）	总定额（m）	分摊率（元/m）	分摊金额（元）
ZF01					
YM01					
合　计	—	—		—	

制表：　　20×1 年 1 月 31 日

20-1：

武汉楚风家具有限公司

累 计 领 料 单

№20210008

20×1 年 1 月

部门：油漆车间　　用途：生产 ZF01、YM01

材料名称	规格型号	计量单位	第 1 次领料	第 2 次领料	第 3 次领料	总金额（元）
包装绳		卷	200	200	140	
领料人签名			刘阳	刘阳	刘阳	备　注
仓库保管员签名			任真	任真	任真	
领料日期			1.8	1.15	1.26	

②财务

20-2：

武汉楚风家具有限公司

材 料 退 库 单

№20210007

20×1 年 1 月 31 日

部门：油漆车间　　　　原用途：生产 ZF01、YM01

材料名称	规格型号	计量单位	退库数量	退库金额（元）
包装绳		卷	26	

②财务

退料人：刘阳　　　　仓库保管员：任真

20-3：

武汉楚风家具有限公司

产品共同费用分摊表

20×1 年 1 月

费用名称：包装绳　　　　车间：油漆车间

产 品	材料定额（m/件）	完工产量（件）	总定额（m）	分摊率（元/m）	分摊金额（元）
ZF01					
YM01					
合 计	—	—		—	

制表：　　　　20×1 年 1 月 31 日

21：

武汉楚风家具有限公司

材料成本差异分摊表

20×1 年 1 月

产品名称：ZF01

生产步骤	耗用材料金额（元）	差异率（%）	分摊金额（元）
下料			
制作			
油漆包装			
合　　计		—	

制表：　　　　20×1 年 1 月 31 日

22-1：

武汉楚风家具有限公司

材料成本差异分摊表

20×1年1月

产品名称：YM01

生产步骤	耗用材料金额（元）	差异率（%）	分摊金额（元）
下料			
制作			
油漆包装			
合　　计		—	

制表：　　　　　　　　20×1年1月31日

22-2：

武汉楚风家具有限公司

材料成本差异分摊表

20×1年1月

产品名称：ZF02

生产步骤	耗用材料金额（元）	差异率（%）	分摊金额（元）
下料			
制作			
油漆			
组装包装			
合　　计		—	

制表：　　　　　　　　20×1年1月31日

22-3：

武汉楚风家具有限公司

材料成本差异分摊表

20×1年1月

产品名称：YM02

生产步骤	耗用材料金额（元）	差异率（%）	分摊金额（元）
下料			
制作			
包装			
合　　计		—	

制表：　　　　　　　　20×1年1月31日

22-4：

武汉楚风家具有限公司

材料成本差异分摊表

20×1年1月

产品类别：订单产品

生产名称	耗用材料金额（元）	差异率（%）	分摊金额（元）
ZD01			
YD01			
合　计		—	

制表：　　　　20×1年1月31日

23-1：

武汉楚风家具有限公司

职工工资统计表

20×1年1月　　　　单位：元

部　门	人员类别	基本工资	岗位工资	合　计
下料车间	生产工人	40000.00	20000.00	60000.00
	管理人员	4000.00	5000.00	9000.00
桌子车间	生产工人	35000.00	17409.05	52409.05
	管理人员	4000.00	5000.00	9000.00
椅子车间	生产工人	52000.00	25636.30	77636.30
	管理人员	4000.00	5000.00	9000.00
油漆车间	生产工人	27600.00	20386.34	47986.34
	管理人员	4000.00	6000.00	10000.00
修理车间		4000.00	4500.00	8500.00
配电车间		4000.00	4500.00	8500.00
行政后勤部门		72000.00	90000.00	162000.00
营销部		6000.00	7000.00	13000.00
产品研发部		6000.00	7000.00	13000.00
合　计		262600.00	217431.69	480031.69

制表：郑珊　　　　20×1年1月31日

23-2：

武汉楚风家具有限公司

产品作业量计算表

20×1 年 1 月

车间：下料车间

产品	零件	月初在产品		本月完工数量（件）	月末在产品		作业量（件）
		数量（件）	完工程度		数量（件）	完工程度	
ZF01	桌面						
	桌脚						
	撑板						
YM01	前脚						
	后脚						
	座板						
	横梁						
	撑档						
ZF02	桌面						
YM02	座板						
ZD01	面板						
	底板						
	前挡板						
	侧挡板						
	中撑板						
YD01	前脚						
	后脚						
	座板						
	横梁						
	靠背						
	座撑						
	撑档						

制表： 20×1 年 1 月 31 日

23-3：

武汉楚风家具有限公司

产品作业量计算表

20×1 年 1 月

车间：桌子车间

产品	零件	月初在产品		本月完工数量（件）	月末在产品		作业量（件）
		数量（件）	完工程度		数量（件）	完工程度	
ZF01	桌面						
	桌脚						
	撑板						
	钢条						
	组装						
ZF02	桌面						
	支架						
	组装						
	包装						
ZD01	面板						
	底板						
	前挡板						
	侧挡板						
	中撑板						
	组装						
	包装						

制表：　　　　　　　　　　　　　　　　　　　　20×1 年 1 月 31 日

23-4：

武汉楚风家具有限公司

产品作业量计算表

20×1年1月

车间：椅子车间

产品	零件或工序	月初在产品		本月完工数量（件）	月末在产品		作业量（件）
		数量（件）	完工程度		数量（件）	完工程度	
YM01	前脚						
	后脚						
	座板						
	横梁						
	撑档						
	组装						
YM02	座板						
	支架						
	组装						
	包装						
YD01	前脚						
	后脚						
	座板						
	横梁						
	靠背						
	座撑						
	撑档						
	椅架						
	组装						
	包装						

制表：　　　　　　　　　　　　　　　　　　　　20×1年1月31日

23-5：

武汉楚风家具有限公司

产品作业量计算表

20×1年1月

车间：油漆车间

产品	零件或工序	月初在产品		本月完工数量（件）	月末在产品		作业量（件）
		数量（件）	完工程度		数量（件）	完工程度	
ZF01	油漆						
	包装						
YM01	油漆						
	包装						
ZF02	支架						
ZD01	面板						
	底板						
	前挡板						
	侧挡板						
	中撑板						
YD01	椅架						

制表：　　　　　　　　　　　　　　　　　　　　　　20×1年1月31日

23-6：

武汉楚风家具有限公司

产品共同费用分摊表

20×1 年 1 月

费用名称：生产工人工资　　　　　　　　　　　　车间：下料车间

产品	零件或工序	工时定额（分钟/件）	作业量（件）	总定额（小时）	分摊率（元/小时）	分摊金额（元）
ZF01	桌面					
	桌脚					
	撑板					
YM01	前脚					
	后脚					
	座板					
	横梁					
	撑档					
ZF02	桌面					
YM02	座板					
ZD01	面板					
	底板					
	前挡板					
	侧挡板					
	中撑板					
YD01	前脚					
	后脚					
	座板					
	横梁					
	靠背					
	座撑					
	撑档					
合　计		—	—		—	

制表：　　　　　　　　　　　　　　　　　　20×1 年 1 月 31 日

23-7：

武汉楚风家具有限公司

产品共同费用分摊表

20×1年1月

费用名称：生产工人工资　　　　　　　　　　　　　　　　　　　　　　车间：桌子车间

<table>
<tr><th>产品</th><th>零件或
工序</th><th>工时定额
（分钟/件）</th><th>作业量
（件）</th><th>总定额
（小时）</th><th>分摊率
（元/小时）</th><th>分摊金额
（元）</th></tr>
<tr><td rowspan="5">ZF01</td><td>桌面</td><td></td><td></td><td rowspan="5"></td><td rowspan="5"></td><td rowspan="5"></td></tr>
<tr><td>桌脚</td><td></td><td></td></tr>
<tr><td>撑板</td><td></td><td></td></tr>
<tr><td>钢条</td><td></td><td></td></tr>
<tr><td>组装</td><td></td><td></td></tr>
<tr><td rowspan="4">ZF02</td><td>桌面</td><td></td><td></td><td rowspan="2"></td><td rowspan="2"></td><td rowspan="2"></td></tr>
<tr><td>支架</td><td></td><td></td></tr>
<tr><td>组装</td><td></td><td></td><td rowspan="2"></td><td rowspan="2"></td><td rowspan="2"></td></tr>
<tr><td>包装</td><td></td><td></td></tr>
<tr><td rowspan="7">ZD01</td><td>面板</td><td></td><td></td><td rowspan="7"></td><td rowspan="7"></td><td rowspan="7"></td></tr>
<tr><td>底板</td><td></td><td></td></tr>
<tr><td>前挡板</td><td></td><td></td></tr>
<tr><td>侧挡板</td><td></td><td></td></tr>
<tr><td>中撑板</td><td></td><td></td></tr>
<tr><td>组装</td><td></td><td></td></tr>
<tr><td>包装</td><td></td><td></td></tr>
<tr><td colspan="2">合　　计</td><td>—</td><td>—</td><td></td><td>—</td><td></td></tr>
</table>

制表：　　　　　　　　　　　　　　　　　　　　　　　　　　　20×1年1月31日

23-8：

武汉楚风家具有限公司

产品共同费用分摊表

20×1 年 1 月

费用名称：生产工人工资　　　　车间：椅子车间

产品	零件或工序	工时定额（分钟/件）	作业量（件）	总定额（小时）	分摊率（元/小时）	分摊金额（元）
YM01	前脚					
	后脚					
	座板					
	横梁					
	撑档					
	组装					
YM02	座板					
	支架					
	组装					
	包装					
YD01	前脚					
	后脚					
	座板					
	横梁					
	靠背					
	座撑					
	撑档					
	椅架					
	组装					
	包装					
合　计		—	—		—	

制表：　　　　20×1 年 1 月 31 日

23-9：

武汉楚风家具有限公司

产品共同费用分摊表

20×1 年 1 月

费用名称：生产工人工资　　　　车间：油漆车间

产品	零件或工序	工时定额（分钟/件）	作业量（件）	总定额（小时）	分摊率（元/小时）	分摊金额（元）
ZF01	油漆					
	包装					
YM01	油漆					
	包装					
ZF02	支架					
ZD01	面板					
	底板					
	前挡板					
	侧挡板					
	中撑板					
YD01	椅架					
合　计		—	—		—	

制表：　　　　20×1 年 1 月 31 日

24-1：

武汉楚风家具有限公司

职工奖金计算表

20×1 年 1 月

部　门	人员类别	超额工时（小时）	单位奖励（元/小时）	奖　金（元）
下料车间	生产工人	419.70	30.00	12591.00
桌子车间	生产工人	454.10	30.00	13623.00
椅子车间	生产工人	560.40	30.00	16812.00
油漆车间	生产工人	256.20	30.00	7686.00
合　计		1690.40	—	50712.00

制表：郑珊　　　　20×1 年 1 月 31 日

24-2：

武汉楚风家具有限公司

产品共同费用分摊表

20×1 年 1 月

费用名称：奖金　　　　车间：下料车间

产品	生产步骤	总定额工时（小时）	分摊率（元/小时）	分摊金额（元）
ZF01	下料			
YM01	下料			
ZF02	下料			
YM02	下料			
ZD01				
YD01				
合　计			—	

制表：　　　　20×1 年 1 月 31 日

24-3：

武汉楚风家具有限公司

产品共同费用分摊表

20×1 年 1 月

费用名称：奖金　　　　车间：桌子车间

产品	生产步骤	总定额工时（小时）	分摊率（元/小时）	分摊金额（元）
ZF01	制作			
ZF02	制作			
	组装包装			
ZD01				
合　计			—	

制表：　　　　20×1 年 1 月 31 日

24-4：

武汉楚风家具有限公司

产品共同费用分摊表

20×1 年 1 月

费用名称：奖金　　　　车间：椅子车间

产品	生产步骤	总定额工时（小时）	分摊率（元/小时）	分摊金额（元）
YM01	制作			
YM02	制作			
	包装			
YD01				
合　计			—	

制表：　　　　20×1 年 1 月 31 日

24-5：

武汉楚风家具有限公司

产品共同费用分摊表

20×1 年 1 月

费用名称：奖金　　　　车间：油漆车间

产品	生产步骤	总定额工时（小时）	分摊率（元/小时）	分摊金额（元）
ZF01	油漆包装			
YM01	油漆包装			
ZF02	油漆			
ZD01				
YD01				
合　计			—	

制表：　　　　20×1 年 1 月 31 日

25-1：

武汉楚风家具有限公司

职工福利费分配表

20×1年1月　　　　单位：元

部　门	人员类别	职工福利费	部　门	职工福利费
下料车间	生产工人	6600.00	修理车间	660.00
	管理人员	660.00	配电车间	660.00
桌子车间	生产工人	5745.00	行政后勤部门	11880.00
	管理人员	660.00	营销部	930.00
椅子车间	生产工人	8460.00	产品研发部	915.00
	管理人员	660.00	合　计	42975.00
油漆车间	生产工人	4485.00		
	管理人员	660.00		

制表：郑珊　　　　20×1年1月31日

25-2：

武汉楚风家具有限公司

产品共同费用分摊表

20×1年1月

费用名称：职工福利费　　　　车间：下料车间

产品	生产步骤	总定额工时（小时）	分摊率（元/小时）	分摊金额（元）
ZF01	下料			
YM01	下料			
ZF02	下料			
YM02	下料			
ZD01				
YD01				
合　计			—	

制表：　　　　20×1年1月31日

25-3：

武汉楚风家具有限公司

产品共同费用分摊表

20×1 年 1 月

费用名称：职工福利费　　　　车间：桌子车间

产品	生产步骤	总定额工时 （小时）	分摊率 （元/小时）	分摊金额 （元）
ZF01	制作			
ZF02	制作			
	组装包装			
ZD01				
合　计			—	

制表：　　　　20×1 年 1 月 31 日

25-4：

武汉楚风家具有限公司

产品共同费用分摊表

20×1 年 1 月

费用名称：职工福利费　　　　车间：椅子车间

产品	生产步骤	总定额工时 （小时）	分摊率 （元/小时）	分摊金额 （元）
YM01	制作			
YM02	制作			
	包装			
YD01				
合　计			—	

制表：　　　　20×1 年 1 月 31 日

25-5：

武汉楚风家具有限公司

产品共同费用分摊表

20×1 年 1 月

费用名称：职工福利费　　　　车间：油漆车间

产品	生产步骤	总定额工时（小时）	分摊率（元/小时）	分摊金额（元）
ZF01	油漆包装			
YM01	油漆包装			
ZF02	油漆			
ZD01				
YD01				
合　计			—	

制表：　　　　20×1 年 1 月 31 日

26：

武汉楚风家具有限公司

工会经费和职工教育经费计提表

20×1年1月　　单位：元

部门	人员类别		工资总额	工会经费	职工教育经费	经费合计
下料车间	生产工人	ZF01	9340. 12	186. 78	140. 09	326. 87
		YM01	47390. 07	947. 80	710. 85	1658. 65
		ZF02	111. 84	2. 24	1. 68	3. 92
		YM02	223. 52	4. 47	3. 35	7. 82
		ZD01	1056. 40	21. 13	15. 85	36. 98
		YD01	1878. 05	37. 56	28. 17	65. 73
	管理人员		9000. 00	180. 00	135. 00	315. 00
桌子车间	生产工人	ZF01	44638. 98	892. 78	669. 58	1562. 36
		ZF02（制作）	2723. 87	54. 48	40. 86	95. 34
		ZF02（组装包装）	784. 46	15. 69	11. 77	27. 46
		ZD01	4261. 74	85. 23	63. 93	149. 16
	管理人员		9000. 00	180. 00	135. 00	315. 00
椅子车间	生产工人	YM01	69605. 26	1392. 11	1044. 08	2436. 19
		YM02（制作）	2618. 27	52. 37	39. 27	91. 64
		YM02（包装）	402. 81	8. 06	6. 04	14. 10
		YD01	5009. 96	100. 20	75. 15	175. 35
	管理人员		9000. 00	180. 00	135. 00	315. 00
油漆车间	生产工人	ZF01	10162. 43	203. 25	152. 44	355. 69
		YM01	33597. 00	671. 94	503. 96	1175. 90
		ZF02	1080. 44	21. 61	16. 21	37. 82
		ZD01	2079. 44	41. 59	31. 19	72. 78
		YD01	1067. 03	21. 34	16. 01	37. 35
	管理人员		10000. 00	200. 00	150. 00	350. 00
修理车间			8500. 00	170. 00	127. 50	297. 50
配电车间			8500. 00	170. 00	127. 50	297. 50
行政后勤部门			162000. 00	3240. 00	2430. 00	5670. 00
营销部			13000. 00	260. 00	195. 00	455. 00
产品研发部			13000. 00	260. 00	195. 00	455. 00
合计			480031. 69	9600. 63	7200. 48	16801. 11

注：ZF01工会经费、职工教育经费计算结果分别为186. 80元和140. 10元，分别调整为186. 78元和140. 09元。

复核：　　制表：郑珊　　20×1年1月31日

27：

武汉楚风家具有限公司

职工“五险一金”计提表

20×1 年 1 月　　　　单位：元

部　门	人员类别		工资总额	养老保险	医疗保险	失业保险	工伤保险	生育保险	住房公积金	合　计
下料车间	生产工人	ZF01	9340.12	1868.03	747.21	186.78	93.42	74.72	934.01	3904.17
		YM01	47390.07	9478.01	3791.21	947.80	473.90	379.12	4739.01	19809.05
		ZF02	111.84	22.37	8.95	2.24	1.12	0.89	11.18	46.75
		YM02	223.52	44.70	17.88	4.47	2.24	1.79	22.35	93.43
		ZD01	1056.40	211.28	84.51	21.13	10.56	8.45	105.64	441.57
		YD01	1878.05	375.61	150.24	37.56	18.78	15.02	187.81	785.02
	管理人员		9000.00	1800.00	720.00	180.00	90.00	72.00	900.00	3762.00
桌子车间	生产工人	ZF01	44638.98	8927.80	3571.12	892.78	446.39	357.11	4463.90	18659.10
		ZF02（制作）	2723.87	544.77	217.91	54.48	27.24	21.79	272.39	1138.58
		ZF02（组装包装）	784.46	156.89	62.76	15.69	7.84	6.28	78.45	327.91
		ZD01	4261.74	852.35	340.94	85.23	42.62	34.09	426.17	1781.40
	管理人员		9000.00	1800.00	720.00	180.00	90.00	72.00	900.00	3762.00
椅子车间	生产工人	YM01	69605.26	13921.05	5568.42	1392.11	696.05	556.84	6960.53	29095.00
		YM02（制作）	2618.27	523.65	209.46	52.37	26.18	20.95	261.83	1094.44
		YM02（包装）	402.81	80.56	32.22	8.06	4.03	3.22	40.28	168.37
		YD01	5009.96	1001.99	400.80	100.20	50.10	40.08	501.00	2094.17
	管理人员		9000.00	1800.00	720.00	180.00	90.00	72.00	900.00	3762.00

续表

部门	人员类别		工资总额	养老保险	医疗保险	失业保险	工伤保险	生育保险	住房公积金	合计
油漆车间	生产工人	ZF01	10162. 43	2032. 49	812. 99	203. 25	101. 62	81. 30	1016. 24	4247. 89
		YM01	33597. 00	6719. 40	2687. 76	671. 94	335. 97	268. 78	3359. 70	14043. 55
		ZF02	1080. 44	216. 09	86. 44	21. 61	10. 80	8. 64	108. 04	451. 62
		ZD01	2079. 44	415. 89	166. 36	41. 59	20. 79	16. 64	207. 94	869. 21
		YD01	1067. 03	213. 41	85. 36	21. 34	10. 67	8. 54	106. 70	446. 02
	管理人员		10000. 00	2000. 00	800. 00	200. 00	100. 00	80. 00	1000. 00	4180. 00
修理车间			8500. 00	1700. 00	680. 00	170. 00	85. 00	68. 00	850. 00	3553. 00
配电车间			8500. 00	1700. 00	680. 00	170. 00	85. 00	68. 00	850. 00	3553. 00
行政后勤部门			162000. 00	32400. 00	12960. 00	3240. 00	1620. 00	1296. 00	16200. 00	67716. 00
营销部			13000. 00	2600. 00	1040. 00	260. 00	130. 00	104. 00	1300. 00	5434. 00
产品研发部			13000. 00	2600. 00	1040. 00	260. 00	130. 00	104. 00	1300. 00	5434. 00
合计			480031. 69	96006. 34	38402. 54	9600. 63	4800. 32	3840. 25	48003. 17	200653. 25

注：ZF01 养老保险、失业保险、工伤保险和住房公积金计算结果分别为 1868. 02 元、186. 80 元和 93. 40 元，分别调整为 1868. 03 元、186. 78 元和 93. 42 元。

复核：　　　　制表：郑珊　　　　20×1 年 1 月 31 日

28-1：

武汉楚风家具有限公司

修理材料耗用统计表

20×1 年 1 月

材料名称	单位	下料车间	桌子车间	椅子车间	油漆车间	配电车间	行政后勤	营销部	产品研发部	合　计
电线	m	40	20	40	60	20	140	20	10	350
普通开关	个	2	2	2	3		3	1	1	14
空气开关	个	1		1		1	1			4
机油	L	3	2	3						8
钻头	个		2	2						4
锯片	张	1								1
铣刀	把		2	3						5
夹头	个		1	2						3

制表：雷刚　　　　20×1 年 1 月 31 日

28-2：

武汉楚风家具有限公司

修理材料成本计算表

20×1 年 1 月　　　　单位：元

材料名称	下料车间	桌子车间	椅子车间	油漆车间	配电车间	行政后勤	营销部	产品研发部	合　计
电线									
普通开关									
空气开关									
机油									
钻头									
锯片									
铣刀									
夹头									
合　　计									

制表：　　　　20×1 年 1 月 31 日

29：

武汉楚风家具有限公司

修理材料成本差异分摊表

20×1年1月

单　　位	耗用材料金额（元）	差异率（%）	分摊金额（元）
下料车间			
桌子车间			
椅子车间			
油漆车间			
配电车间			
行政后勤部门			
营销部			
产品研发部			
合　　计		—	

制表：　　　　　　　　　　　　　　　　　　　　20×1年1月31日

30-1：

武汉楚风家具有限公司

废品情况报告单

20×1年1月

车间：下料车间

产品	零件	报废数量（件）				废品类别
		总数	料废	工废	其他	
ZF01	桌面	20	20			不可修复
	桌脚	50	50			不可修复
	撑板	30	30			不可修复
YM01	前脚	20	20			不可修复
	后脚	30	30			不可修复
	座板	40	40			不可修复
	横梁	40	40			不可修复
	撑档	50	50			不可修复

技术品质部：严正　　　　　　　　　　　　　　　　车间：李斌

30-2：

武汉楚风家具有限公司

废品损失计算表

车间：下料车间

产品	零件	报废数量（件）	废品损失					
			材料损失			人工损失		
			定额（cm^3/件）	总数量（m^3）	金额（元）	定额（分钟/件）	总工时（小时）	金额（元）
ZF01	桌面							
	桌脚							
	撑板							
YM01	前脚							
	后脚							
	座板							
	横梁							
	撑档							
合　计	—	—			—			

制表：　　　　　　　　　　　　　　　　　　20×1 年 1 月 31 日

31-1：

武汉楚风家具有限公司

废品情况报告单

20×1 年 1 月

车间：桌子车间

产品	零件	报废数量（件）				废品类别
		总数	料废	工废	其他	
ZF01	桌面	4		4		不可修复
	桌脚	8		8		不可修复
	撑板	6		6		不可修复

技术品质部：严正　　　　　　　　　　　　　　车间：赵明

31-2：

武汉楚风家具有限公司

废品损失计算表

车间：桌子车间

产品	零件	报废数量（件）	废品损失					
			材料损失			人工损失		
			定额（cm^3/件）	总定额（m^3）	金额（元）	定额（分钟/件）	总定额（小时）	金额（元）
ZF01	桌面							
	桌脚							
	撑板							

制表：　　　　　　　　　　　　　　　　　　　　　　20×1 年 1 月 31 日

32-1：

武汉楚风家具有限公司

废品情况报告单

20×1 年 1 月

车间：椅子车间

产品	零件	报废数量（件）				废品类别
		总数	料废	工废	其他	
YM01	前脚	35		35		不可修复
	后脚	28		28		不可修复
	座板	20		20		不可修复
	横梁	40		40		不可修复
	撑档	50		50		不可修复

技术品质部：严正　　　　　　　　　　　　　　　　　　　　车间：王波

32-2：

武汉楚风家具有限公司

废品损失计算表

车间：椅子车间

产品	零件	报废数量（件）	废品损失					
			材料损失			人工损失		
			定额（cm^3/件）	总定额（m^3）	金额（元）	定额（分钟/件）	总定额（小时）	金额（元）
YM01	前脚							
	后脚							
	座板							
	横梁							
	撑档							

制表：　　　　　　　　　　　　　　　　　　　　　　　　20×1年1月31日

33：

武汉楚风家具有限公司

废品情况报告单

20×1年1月

车间：油漆车间

产品	零件	报废数量（件）				废品类别
		总数	料废	工废	其他	
ZF01		1	1			可修复
YM01		2		1	1	可修复

技术品质部：严正　　　　　　　　　　　　　　　　　　　　车间：刘阳

34：

武汉楚风家具有限公司

废品修复报告单

车间：油漆车间　　　　20×1年1月31日

产品名称	ZF01	数量	1件	报废原因	桌面变形			
修 复 用 料					修 复 人 工			
材料（零件）名称	来源	数量	材料费用（元）	人工费用（元）	修复人员	工作内容	工时（小时）	金额（元）
ZF01 桌面	桌子车间	1张			周兴	换桌面	0.80	
腻子	油漆车间	100ml			徐进	腻子油漆	0.40	
油漆	油漆车间	100ml						
材料费用合计（元）			人工费用合计（元）			费用总额（元）		

生产部：鲁平　　　　会计：

35：

武汉楚风家具有限公司

废品修复报告单

车间：油漆车间　　　　20×1年1月31日

产品名称	YM01	数量	2件	报废原因	各有一只后脚炸裂			
修 复 用 料					修 复 人 工			
材料（零件）名称	来源	数量	材料费用（元）	人工费用（元）	修复人员	工作内容	工时（小时）	金额（元）
YM01 后脚	椅子车间	2只			周兴	换后脚	0.60	
腻子	油漆车间	40ml			徐进	腻子油漆	0.40	
油漆	油漆车间	40ml						
材料费用合计（元）			人工费用合计（元）			费用总额（元）		

生产部：鲁平　　　　会计：

36：

武汉楚风家具有限公司

扣发废品责任人工资统计表

20×1 年 1 月

车间：桌子车间

姓　名	报废产品或零件	数量（件）	扣发金额（元）
刘宏	ZF01 桌面	4	46.72
齐全	ZF01 桌脚	8	15.76
江涛	ZF01 撑板	6	6.40
合　　计		—	68.88

制表：郑珊　　　　20×1 年 1 月 31 日

37-1：

武汉楚风家具有限公司

扣发废品责任人工资统计表

20×1 年 1 月

车间：椅子车间

姓　名	报废产品或零件	数量（件）	扣发金额（元）
杨林	YM01 前脚	35	35.48
罗成	YM01 后脚	28	40.12
高远	YM01 座板	20	78.88
黄新	YM01 横梁	40	36.96
宋健	YM01 撑档	50	37.72
合　　计		—	229.16

制表：郑珊　　　　20×1 年 1 月 31 日

37-2：

武汉楚风家具有限公司

扣发废品责任人工资统计表

20×1年1月

车间：油漆车间

姓　名	报废产品或零件	数量（件）	扣发金额（元）
许亮	YM01	1	11.06
合　　计		—	11.06

制表：郑珊　　　　20×1年1月31日

38：

武汉楚风家具有限公司

扣发废品责任人工资统计表

20×1年1月

车间：桌子车间

姓　名	报废产品或零件	数量（件）	扣发金额（元）
徐立	ZD01 面板	1	7.20
郭金	ZD01 前挡板	1	9.88
秦朗	ZD01 侧挡板	1	5.24
合　　计		—	22.32

制表：郑珊　　　　20×1年1月31日

39-1：

武汉楚风家具有限公司

扣发废品责任人工资统计表

20×1 年 1 月

车间：椅子车间

姓　名	报废产品或零件	数量（件）	扣发金额（元）
汪旺	YD01 前脚	1	1.12
李楠	YD01 后脚	1	1.76
向阳	YD01 座板	1	3.36
卫星	YD01 横梁	1	0.84
占鸶	YD01 靠背	3	7.88
钟灵	YD01 座撑	4	4.68
张奎	YD01 撑档	2	1.56
合　计		—	21.20

制表：郑珊　　　　20×1 年 1 月 31 日

39-2：

武汉楚风家具有限公司

扣发废品责任人工资统计表

20×1 年 1 月

车间：油漆车间

姓　名	报废产品或零件	数量（件）	扣发金额（元）
董勇	ZD01 底板	1	13.88
夏天	ZD01 侧挡板	1	13.24
合　计		—	27.12

制表：郑珊　　　　20×1 年 1 月 31 日

40：

武汉楚风家具有限公司

材料退库单

№20210013

20×1年1月31日

部门：桌子车间　　原用途：生产 ZF01

材料名称	规格型号	计量单位	退库数量	退库金额（元）
废木料		m^3	0.0906	

②财务

退料人：赵明　　仓库保管员：任真

41：

武汉楚风家具有限公司

材料退库单

№20210014

20×1年1月31日

部门：椅子车间　　原用途：生产 YM01

材料名称	规格型号	计量单位	退库数量	退库金额（元）
废木料		m^3	0.0916	

②财务

退料人：王波　　仓库保管员：任真

42：

武汉楚风家具有限公司

材料退库单

№20210015

20×1年1月31日

部门：桌子车间　　原用途：生产 ZF01

材料名称	规格型号	计量单位	退库数量	退库金额（元）
废木料		m^3	0.0310	

②财务

退料人：赵明　　仓库保管员：任真

43-1：

武汉楚风家具有限公司

材料退库单

№20210016

20×1年1月31日

部门：椅子车间　　　　原用途：生产 YD01

材料名称	规格型号	计量单位	退库数量	退库金额（元）
废木料		m^3	0.0083	

②财务

退料人：王波　　　　仓库保管员：任真

43-2：

武汉楚风家具有限公司

材料退库单

№20210017

20×1年1月31日

部门：油漆车间　　　　原用途：生产 ZD01

材料名称	规格型号	计量单位	退库数量	退库金额（元）
废木料		m^3	0.0148	

②财务

退料人：刘阳　　　　仓库保管员：任真

44-1：

武汉楚风家具有限公司

材料退库单

№20210018

20×1年1月31日

部门：下料车间　　　　原用途：生产 ZF01、YM01

材料名称	规格型号	计量单位	退库数量	退库金额（元）
废木料		m^3	0.5462	

②财务

退料人：李斌　　　　仓库保管员：任真

44-2：

武汉楚风家具有限公司

回收废料价值分摊表

20×1年1月

车间：下料车间

产品	零件	材料定额（cm^3/件）	回收数量（件）	总定额（m^3）	分摊率（元/m^3）	分摊金额（元）
ZF01	桌面					
	桌脚					
	撑板					
YM01	前脚					
	后脚					
	横梁					
合计		—	—		—	

制表：　　　　20×1年1月31日

45-1：

武汉楚风家具有限公司

材料退库单

№20210019

20×1年1月31日

部门：油漆车间　　　　原用途：生产ZF01、YM01

材料名称	规格型号	计量单位	退库数量	退库金额（元）
废木料		m^3	0.0192	

②财务

退料人：刘阳　　　　仓库保管员：任真

45-2：

武汉楚风家具有限公司

回收废料价值分摊表

20×1年1月

车间：油漆车间

产品	零件	材料定额（cm^3/件）	回收数量（件）	总定额（m^3）	分摊率（元/m^3）	分摊金额（元）
ZF01	桌面					
YM01	后脚					
合计		—	—		—	

制表：　　　　20×1年1月31日

46-1：

武汉楚风家具有限公司

材料退库单

№20210020

20×1年1月31日

部门：下料车间　　　　原用途：生产ZD01、YD01

材料名称	规格型号	计量单位	退库数量	退库金额（元）
废木料		m^3	0.0494	

②财务

退料人：李斌　　　　仓库保管员：任真

46-2：

武汉楚风家具有限公司

回收废料价值分摊表

20×1年1月

车间：下料车间

产品	零件	材料定额（cm^3/件）	回收数量（件）	总定额（m^3）	分摊率（元/m^3）	分摊金额（元）
Zd01	面板					
	底板					
	侧挡板					
	中撑板					
YD01	前脚					
	后脚					
	横梁					
	座撑					
合　计		—	—		—	

制表：　　　　20×1年1月31日

47：

武汉楚风家具有限公司

副产品销售成本分摊表

20×1 年 1 月

副产品名称：刨花　　　　销售成本：580.80 元

主产品	分摊比例（%）	分摊成本（元）
ZF01	35.04	203.53
YM01	55.69	323.46
ZD01	4.96	28.79
YD01	4.31	25.02
合　计	100.00	580.80

制表：鲁平　　　　20×1 年 1 月 31 日

48：

武汉楚风家具有限公司

副产品销售成本分摊表

20×1 年 1 月

副产品名称：木屑　　　　销售成本：532.56 元

主产品	生产步骤	分摊比例（%）	分摊成本（元）
ZF01	下料	22.16	117.99
	制作	13.14	69.98
YM01	下料	32.29	171.95
	制作	23.20	123.58
ZD01		4.93	26.25
YD01		4.28	22.81
合　计		100.00	532.56

制表：鲁平　　　　20×1 年 1 月 31 日

49-1：

武汉楚风家具有限公司

修理工时统计表

20×1 年 1 月

部门	下料车间	桌子车间	椅子车间	油漆车间	配电车间	行政后勤部门	营销部	产品研发部	合计
工时（小时）	60	73	80	20	10	24	7	6	280

制表：雷刚　　　　20×1 年 1 月 31 日

49-2：

武汉楚风家具有限公司

辅助生产成本交互分配表

20×1 年 1 月

分出车间：修理车间　　　　分进车间：配电车间

成本项目	成本金额（元）	提供劳务总量（小时）	单位成本（元/小时）	接受劳务量（小时）	分配金额（元）
总成本					
办公费					
水电费					
工具用品					
固定资产折旧					
人工费					

制表：　　　　20×1 年 1 月 31 日

50-1：

武汉楚风家具有限公司

供 电 统 计 表

20×1 年 1 月

部门	下料车间	桌子车间	椅子车间	油漆车间	修理车间	行政后勤部门	营销部	产品研发部	合计
用电量（千瓦时）	7656	8538	11330	4128	744	6316	858	330	39900

制表：朱思泉　　　　20×1 年 1 月 31 日

50-2：

武汉楚风家具有限公司

辅助生产成本交互分配表

20×1年1月

分出车间：配电车间　　　　分进车间：修理车间

成本项目	成本金额（元）	提供劳务总量（千瓦时）	单位成本（元/千瓦时）	接受劳务量（千瓦时）	分配金额（元）
总成本					
办公费					
水电费					
工具用品					
固定资产折旧					
人工费					
修理费					

制表：　　　　20×1年1月31日

51：

武汉楚风家具有限公司

辅助生产成本分配表

20×1年1月

辅助生产部门：修理车间

待分配辅助生产成本（元）			
受益单位劳务总量（小时）			
单位成本（元/小时）			
辅助生产成本分配	受益单位	劳务量（小时）	分配金额（元）
	下料车间		
	桌子车间		
	椅子车间		
	油漆车间		
	行政后勤部门		
	营销部		
	产品研发部		
	合　计		

制表：　　　　20×1年1月31日

52：

武汉楚风家具有限公司

辅助生产成本分配表

20×1 年 1 月

辅助生产部门：配电车间

待分配辅助生产成本（元）			
受益单位劳务总量（千瓦时）			
单位成本（元/千瓦时）			
辅助生产成本分配	受益单位	劳务量（千瓦时）	分配金额（元）
	下料车间		
	桌子车间		
	椅子车间		
	油漆车间		
	行政后勤部门		
	营销部		
	产品研发部		
	合　计		

制表：　　　　20×1 年 1 月 31 日

53：

武汉楚风家具有限公司

制造费用分配表

20×1 年 1 月

车间：下料车间

待分配制造费用（元）			
总定额工时（小时）			
分配率（元/小时）			
制造费用分配	产　品	定额工时（小时）	分配金额（元）
	ZF01		
	YM01		
	ZF02		
	YM02		
	ZD01		
	YD01		
	合　计		

制表：　　　　20×1 年 1 月 31 日

54：

武汉楚风家具有限公司

制造费用分配表

20×1年1月

车间：桌子车间

待分配制造费用（元）			
总定额工时（小时）			
分配率（元/小时）			
制造费用分配	产品	定额工时（小时）	分配金额（元）
	ZF01		
	ZF02（制作）		
	ZF02（组装包装）		
	ZD01		
	合计		

制表：　　　　　　　　　　　　　　　　20×1年1月31日

55：

武汉楚风家具有限公司

制造费用分配表

20×1年1月

车间：椅子车间

待分配制造费用（元）			
总定额工时（小时）			
分配率（元/小时）			
制造费用成本	产品	定额工时（小时）	分配金额（元）
	YM01		
	YM02（制作）		
	YM02（包装）		
	YD01		
	合计		

制表：　　　　　　　　　　　　　　　　20×1年1月31日

56：

武汉楚风家具有限公司

制造费用分配表

20×1 年 1 月

车间：油漆车间

待分配制造费用（元）			
总定额工时（小时）			
分配率（元/小时）			
制造费用分配	产　品	定额工时（小时）	分配金额（元）
	ZF01		
	YM01		
	ZF02		
	ZD01		
	YD01		
	合　计		

制表：　　　　20×1 年 1 月 31 日

57-1：

武汉楚风家具有限公司

产品材料定额计算表

20×1 年 1 月

产品：ZF01　　　　材料：木料　　　　生产步骤：下料

产品类别	零件名称	实际产量（件）	材料定额（cm^3/件）	总定额（m^3）
完工产品	桌面			
	桌脚			
	撑板			
在产品	桌面			
	桌脚			
	撑板			
合　计		—	—	

制表：　　　　20×1 年 1 月 31 日

57-2：

武汉楚风家具有限公司

产品工时定额计算表

20×1 年 1 月

产品：ZF01　　　　生产步骤：下料

产品类别	零件名称	约当产量（件）	工时定额（分钟/件）	总定额（小时）
完工产品	桌面			
	桌脚			
	撑板			
在产品	桌面			
	桌脚			
	撑板			
合　计		—	—	

制表：　　　　20×1 年 1 月 31 日

57-3：

武汉楚风家具有限公司

产品项目成本汇总表

20×1 年 1 月

产品：ZF01　　　　生产步骤：下料　　　　单位：元

成本项目	直接材料	直接人工	废品损失	制造费用	成本总额
上月结余					
本月发生					
合　计					

制表：　　　　20×1 年 1 月 31 日

57-4：

武汉楚风家具有限公司

生产成本分配表

20×1 年 1 月

产品：ZF01　　　　生产步骤：下料

成本项目	总成本（元）	总定额	分配率	完工产品		在产品	
				定额	分配金额（元）	定额	分配金额（元）
直接材料							
直接人工							
废品损失							
制造费用							
合　计		—	—	—		—	

制表：　　　　20×1 年 1 月 31 日

58-1：

武汉楚风家具有限公司

产品材料定额计算表

20×1 年 1 月

产品：YM01　　　　材料：木料　　　　生产步骤：下料

产品类别	零件名称	实际产量（件）	材料定额（cm^3/件）	总定额（m^3）
完工产品	前脚			
	后脚			
	座板			
	横梁			
	撑档			
在产品	前脚			
	后脚			
	座板			
	横梁			
	撑档			
合　计		—	—	

制表：　　　　20×1 年 1 月 31 日

58-2：

武汉楚风家具有限公司

产品工时定额计算表

20×1年1月

产品：YM01 生产步骤：下料

产品类别	零件名称	约当产量（件）	工时定额（分钟/件）	总定额（小时）
完工产品	前脚			
	后脚			
	座板			
	横梁			
	撑档			
在产品	前脚			
	后脚			
	座板			
	横梁			
	撑档			
合计		—	—	

制表： 20×1年1月31日

58-3：

武汉楚风家具有限公司

产品项目成本汇总表

20×1年1月

产品：YM01 生产步骤：下料 单位：元

成本项目	直接材料	直接人工	废品损失	制造费用	成本总额
上月结余					
本月发生					
合计					

制表： 20×1年1月31日

58-4：

武汉楚风家具有限公司

生产成本分配表

20×1年1月

产品：YM01　　　　生产步骤：下料

成本项目	总成本（元）	总定额	分配率	完工产品		在产品	
				定额	分配金额（元）	定额	分配金额（元）
直接材料							
直接人工							
废品损失							
制造费用							
合　计		—	—	—		—	

制表：　　　　20×1年1月31日

59-1：

武汉楚风家具有限公司

零件耗用和结余计算表

20×1年1月

产品：ZF01　　　　生产步骤：制作　　　　完工产量：　　　　单位：件

零件名称	上月结余数量	本月生产完工数量	单位产品用量	组装产品耗用数量	修复产品耗用数量	本月结余数量
桌面						
桌脚						
撑板						
钢条						

制表：　　　　20×1年1月31日

59-2：

武汉楚风家具有限公司

在产品产量计算表

20×1年1月

产品：ZF01　　　　生产步骤：制作

产品或零件名称	完工在产品数量（件）	未完工在产品数量（件）	未完工在产品完工程度	全部在产品数量（件）	在产品约当产量（件）
桌面					
桌脚					
撑板					
钢条					
ZF01	—				

制表：　　　　20×1年1月31日

59-3：

武汉楚风家具有限公司

产品材料定额计算表

20×1年1月

产品：ZF01　　　　生产步骤：制作

产品类别	零件或产品名称	使用材料	实际产量（件）	材料定额	总定额
完工产品	钢条	钢条			
	ZF01	螺钉			
在产品	钢条	钢条			
	ZF01	螺钉			

制表：　　　　20×1年1月31日

59-4：

武汉楚风家具有限公司

产品工时定额计算表

20×1 年 1 月

产品：ZF01　　　　生产步骤：制作

产品类别	零件或产品名称	约当产量（件）	工时定额（分钟/件）	总定额（小时）
完工产品	桌面			
	桌脚			
	撑板			
	钢条			
	ZF01			
在产品	桌面			
	桌脚			
	撑板			
	钢条			
	ZF01			
合　计		—	—	

制表：　　　　20×1 年 1 月 31 日

59-5：

武汉楚风家具有限公司

产品材料定额计算表

20×1 年 1 月

产品：ZF01　　　　材料：木料　　　　生产步骤：下料

产品类别	零件名称	实际产量（件）	材料定额（cm^3/件）	总定额（m^3）
完工产品	桌面			
	桌脚			
	撑板			
在产品	桌面			
	桌脚			
	撑板			
合　计		—	—	

制表：　　　　20×1 年 1 月 31 日

59-6：

武汉楚风家具有限公司

产品工时定额计算表

20×1 年 1 月

产品：ZF01 生产步骤：下料

产品类别	零件名称	实际产量（件）	工时定额（分钟/件）	总定额（小时）
完工产品	桌面			
	桌脚			
	撑板			
在产品	桌面			
	桌脚			
	撑板			
合　计		—	—	

制表： 20×1 年 1 月 31 日

59-7：

武汉楚风家具有限公司

产品项目成本汇总表

20×1 年 1 月

产品：ZF01 生产步骤：制作 单位：元

成本项目		上月结余	本月发生	合　计
直接材料	木料			
	钢条			
	螺钉			
直接人工	本步骤			
	前步骤			
废品损失	本步骤			
	前步骤			
制造费用	本步骤			
	前步骤			
成本总额				

制表： 20×1 年 1 月 31 日

59-8：

武汉楚风家具有限公司

生产成本分配表

20×1 年 1 月

产品：ZF01　　　　　　　　　　　　　　　　　　　　生产步骤：制作

成本项目		总成本（元）	总定额	分配率	完工产品		在产品	
					定额	分配金额（元）	定额	分配金额（元）
直接材料	木料							
	钢条							
	螺钉							
	小计		—	—	—		—	
直接人工	本步骤							
	前步骤							
	小计		—	—	—		—	
废品损失	本步骤							
	前步骤							
	小计		—	—	—		—	
制造费用	本步骤							
	前步骤							
	小计		—	—	—		—	
合　计		—	—	—		—		

制表：　　　　　　　　　　　　　　　　　　　　20×1 年 1 月 31 日

60-1：

武汉楚风家具有限公司

零件耗用和结余计算表

20×1 年 1 月

产品：YM01　　生产步骤：制作　　完工产量：　　单位：件

零件名称	上月结余数量	本月生产完工数量	单位产品用量	组装产品耗用数量	修复产品耗用数量	本月结余数量
前脚						
后脚						
座板						
横梁						
撑档						

制表：　　20×1 年 1 月 31 日

60-2：

武汉楚风家具有限公司

在产品产量计算表

20×1 年 1 月

产品：YM01　　生产步骤：制作

产品或零件名称	完工在产品数量（件）	未完工在产品数量（件）	未完工在产品完工程度	全部在产品数量（件）	在产品约当产量（件）
前脚					
后脚					
座板					
横梁					
撑档					
YM01	—				

制表：　　20×1 年 1 月 31 日

60-3：

武汉楚风家具有限公司

产品材料定额计算表

20×1 年 1 月

产品：YM01　　生产步骤：制作

产品类别	产品名称	使用材料	实际产量（件）	材料定额（颗/件）	总定额（颗）
完工产品	YM01	螺钉			
在产品	YM01	螺钉			
合　计			—	—	

制表：　　20×1 年 1 月 31 日

60-4：

武汉楚风家具有限公司

产品工时定额计算表

20×1 年 1 月

产品：YM01　　　　生产步骤：制作

产品类别	零件或产品名称	约当产量（件）	工时定额（分钟/件）	总定额（小时）
完工产品	前脚			
	后脚			
	座板			
	横梁			
	撑档			
	YM01			
在产品	前脚			
	后脚			
	座板			
	横梁			
	撑档			
	YM01			
合　计		—	—	

制表：　　　　20×1 年 1 月 31 日

60-5：

武汉楚风家具有限公司

产品材料定额计算表

20×1年1月

产品：YM01　　　　材料：木料　　　　生产步骤：下料

产品类别	零件名称	实际产量（件）	材料定额（cm^3/件）	总定额（m^3）
完工产品	前脚			
	后脚			
	座板			
	横梁			
	撑档			
在产品	前脚			
	后脚			
	座板			
	横梁			
	撑档			
合　计		—	—	

制表：　　　　20×1年1月31日

60-6：

武汉楚风家具有限公司

产品工时定额计算表

20×1 年 1 月

产品：YM01　　　　生产步骤：下料

产品类别	零件名称	实际产量（件）	工时定额（分钟/件）	总定额（小时）
完工产品	前脚			
	后脚			
	座板			
	横梁			
	撑档			
在产品	前脚			
	后脚			
	座板			
	横梁			
	撑档			
合　计		—	—	

制表：　　　　20×1 年 1 月 31 日

60-7：

武汉楚风家具有限公司

产品项目成本汇总表

20×1 年 1 月

产品：YM01　　　　生产步骤：制作　　　　单位：元

成本项目		上月结余	本月发生	合　计
直接材料	木料			
	螺钉			
直接人工	本步骤			
	前步骤			
废品损失	本步骤			
	前步骤			
制造费用	本步骤			
	前步骤			
成本总额				

制表：　　　　20×1 年 1 月 31 日

60-8：

武汉楚风家具有限公司

生产成本分配表

20×1 年 1 月

产品：YM01　　　　　　　　　　　　　　　　生产步骤：制作

成本项目		总成本（元）	总定额	分配率	完工产品		在产品	
					定额	分配金额（元）	定额	分配金额（元）
直接材料	木料							
	螺钉							
	小计		—	—	—		—	
直接人工	本步骤							
	前步骤							
	小计		—	—	—		—	
废品损失	本步骤							
	前步骤							
	小计		—	—	—		—	
制造费用	本步骤							
	前步骤							
	小计		—	—	—		—	
合　计			—	—	—		—	

制表：　　　　　　　　　　　　　　　　20×1 年 1 月 31 日

61-1：

武汉楚风家具有限公司

在产品约当产量计算表

20×1 年 1 月

产品：ZF02　　　　　　完工产品数量：　　　　　　全部在产品数量：

生产步骤或工序	完工数量（件）	在产品数量（件）	在产品完工程度	步骤约当产量（件）
下料				
制作				
油漆				
组装				
包装				

制表：　　　　　　　　　　　　　　　　20×1 年 1 月 31 日

61-2：

武汉楚风家具有限公司

产品项目成本汇总表

20×1 年 1 月

产品：ZF02　　生产步骤：下料　　单位：元

成本项目	上月结余	本月发生	合　计
直接材料			
直接人工			
制造费用			
成本总额			

制表：　　20×1 年 1 月 31 日

61-3：

武汉楚风家具有限公司

产品项目成本汇总表

20×1 年 1 月

产品：ZF02　　生产步骤：制作　　单位：元

成本项目	上月结余	本月发生	合　计
直接材料			
直接人工			
制造费用			
成本总额			

制表：　　20×1 年 1 月 31 日

61-4：

武汉楚风家具有限公司

产品项目成本汇总表

20×1 年 1 月

产品：ZF02　　生产步骤：油漆　　单位：元

成本项目	上月结余	本月发生	合　计
直接材料			
直接人工			
制造费用			
成本总额			

制表：　　20×1 年 1 月 31 日

61-5：

武汉楚风家具有限公司

产品项目成本汇总表

20×1 年 1 月

产品：ZF02　　生产步骤：组装包装　　单位：元

成本项目		上月结余	本月发生	合　计
直接材料	螺栓螺钉			
	包装材料			
直接人工				
制造费用				
成本总额				

制表：　　20×1 年 1 月 31 日

61-6：

武汉楚风家具有限公司

生产成本分配表

20×1 年 1 月

产品：ZF02　　生产步骤：下料

成本项目	总成本（元）	总约当产量（件）	分配率（元/件）	最终完工产品		广义在产品	
				约当产量（件）	分配金额（元）	约当产量（件）	分配金额（元）
直接材料							
直接人工							
制造费用							
合　计		—	—	—		—	

制表：　　20×1 年 1 月 31 日

61-7：

武汉楚风家具有限公司

生产成本分配表

20×1年1月

产品：ZF02　　　　生产步骤：制作

成本项目	总成本（元）	总约当产量（件）	分配率（元/件）	最终完工产品		广义在产品	
				约当产量（件）	分配金额（元）	约当产量（件）	分配金额（元）
直接材料							
直接人工							
制造费用							
合　　计		—	—	—		—	

制表：　　　　20×1年1月31日

61-8：

武汉楚风家具有限公司

生产成本分配表

20×1年1月

产品：ZF02　　　　生产步骤：油漆

成本项目	总成本（元）	总约当产量（件）	分配率（元/件）	最终完工产品		广义在产品	
				约当产量（件）	分配金额（元）	约当产量（件）	分配金额（元）
直接材料							
直接人工							
制造费用							
合　　计		—	—	—		—	

制表：　　　　20×1年1月31日

61-9：

武汉楚风家具有限公司

生产成本分配表

20×1 年 1 月

产品：ZF02　　　　　　　　　　　　　　　　　　　　　　　生产步骤：组装包装

成本项目		总成本（元）	总约当产量（件）	分配率（元/件）	最终完工产品		广义在产品	
					约当产量（件）	分配金额（元）	约当产量（件）	分配金额（元）
直接材料	螺栓螺钉							
	包装材料							
	小计		—	—	—		—	
直接人工								
制造费用								
合　　计			—	—	—		—	

制表：　　　　　　　　　　　　　　　　　　　　　　　　　　20×1 年 1 月 31 日

62-1：

武汉楚风家具有限公司

在产品约当产量计算表

20×1 年 1 月

产品：YM02　　　　　　　　完工产品数量：　　　　　　　　全部在产品数量：

生产步骤或工序	完工数量（件）	在产品数量（件）	在产品完工程度	步骤约当产量（件）
下料				
零件加工				
组装				
包装				

制表：　　　　　　　　　　　　　　　　　　　　　　　　　　20×1 年 1 月 31 日

62-2：

武汉楚风家具有限公司

在产品约当产量计算表

20×1年1月

产品：YM02　　　　生产步骤：制作

所在工序	数量（件）	已完成加工时间（分钟）	本步骤单件加工时间（分钟）	步骤约当产量（件）
组装				

制表：　　　　20×1年1月31日

62-3：

武汉楚风家具有限公司

产品项目成本汇总表

20×1年1月

产品：YM02　　　　生产步骤：下料　　　　单位：元

成本项目	上月结余	本月发生	合　计
直接材料			
直接人工			
制造费用			
成本总额			

制表：　　　　20×1年1月31日

62-4：

武汉楚风家具有限公司

产品项目成本汇总表

20×1年1月

产品：YM02　　　　生产步骤：制作　　　　单位：元

成本项目	上月结余	本月发生	合　计
直接材料			
直接人工			
制造费用			
成本总额			

制表：　　　　20×1年1月31日

62-5：

武汉楚风家具有限公司

产品项目成本汇总表

20×1年1月

产品：YM02　　生产步骤：包装　　单位：元

成本项目	上月结余	本月发生	合　　计
直接材料			
直接人工			
制造费用			
成本总额			

制表：　　20×1年1月31日

62-6：

武汉楚风家具有限公司

生产成本分配表

20×1年1月

产品：YM02　　生产步骤：下料

成本项目	总成本（元）	总约当产量（件）	分配率（元/件）	最终完工产品		广义在产品	
				约当产量（件）	分配金额（元）	约当产量（件）	分配金额（元）
直接材料							
直接人工							
制造费用							
合　　计		—	—	—		—	

制表：　　20×1年1月31日

62-7：

武汉楚风家具有限公司

生产成本分配表

20×1年1月

产品：YM02　　生产步骤：制作

成本项目	总成本（元）	总约当产量（件）	分配率（元/件）	最终完工产品		广义在产品	
				约当产量（件）	分配金额（元）	约当产量（件）	分配金额（元）
直接材料							
直接人工							
制造费用							
合　　计		—	—	—		—	

制表：　　20×1年1月31日

62-8：

武汉楚风家具有限公司

生产成本分配表

20×1年1月

产品：YM02 生产步骤：包装

成本项目	总成本（元）	总约当产量（件）	分配率（元/件）	最终完工产品		广义在产品	
				约当产量（件）	分配金额（元）	约当产量（件）	分配金额（元）
直接材料							
直接人工							
制造费用							
合　　计		—	—	—		—	

制表： 20×1年1月31日

63-1：

武汉楚风家具有限公司

在产品约当产量计算表

20×1年1月

产品：ZF01 生产步骤：油漆包装

所在工序	数量（件）	工序完工程度	工序约当产量（件）	单件加工时间（分钟）	已完成加工时间（分钟）	本步骤单件加工时间（分钟）	步骤约当产量（件）
油漆							

制表： 20×1年1月31日

63-2：

武汉楚风家具有限公司

产品项目成本汇总表

20×1年1月

产品：ZF01　　　　生产步骤：油漆包装　　　　单位：元

成本项目		上月结余	本月发生	合　计
直接材料	油漆腻子			
	包装物品			
	其他材料			
直接人工	本步骤			
	前步骤			
废品损失	本步骤			
	前步骤			
制造费用	本步骤			
	前步骤			
成本总额				

制表：　　　　20×1年1月31日

63-3：

武汉楚风家具有限公司

生产成本分配表

20×1年1月

产品：ZF01　　　　生产步骤：油漆包装

成本项目		总成本（元）	总产量（件）	分配率（元/件）	完工产品		在产品	
					产量（件）	分配金额（元）	产量（件）	分配金额（元）
直接材料	油漆腻子							
	包装物品							
	其他材料							
	小计		—	—	—		—	
直接人工	本步骤							
	前步骤							
	小计		—	—	—		—	
废品损失	本步骤							
	前步骤							
	小计		—	—	—		—	
制造费用	本步骤							
	前步骤							
	小计		—	—	—		—	
合计			—	—	—		—	

制表：　　　　20×1年1月31日

63-4：

武汉楚风家具有限公司

产 品 入 库 单

№20210001

20×1 年 1 月 9 日

部门：油漆车间

产品名称	规格型号	计量单位	交库数量	备　　注
ZF01		张	250	

②财务

交库人：刘阳　　　　仓库保管员：任真

63-5：

武汉楚风家具有限公司

产 品 入 库 单

№20210003

20×1 年 1 月 16 日

部门：油漆车间

产品名称	规格型号	计量单位	交库数量	备　　注
ZF01		张	250	

②财务

交库人：刘阳　　　　仓库保管员：任真

63-6：

武汉楚风家具有限公司

产 品 入 库 单

№20210005

20×1 年 1 月 23 日

部门：油漆车间

产品名称	规格型号	计量单位	交库数量	备　　注
ZF01		张	250	

②财务

交库人：刘阳　　　　仓库保管员：任真

63-7：

武汉楚风家具有限公司

产 品 入 库 单

№20210007

20×1年1月31日

部门：油漆车间

产品名称	规格型号	计量单位	交库数量	备　注
ZF01		张	250	其中修复1张

②财务

交库人：刘阳　　　　仓库保管员：任真

64-1：

武汉楚风家具有限公司

在产品约当产量计算表

20×1年1月

产品：YM01　　　　生产步骤：油漆包装

所在工序	数量（件）	工序完工程度	工序约当产量（件）	单件加工时间（分钟）	已完成加工时间（分钟）	本步骤单件加工时间（分钟）	步骤约当产量（件）
油漆							

制表：　　　　20×1年1月31日

64-2：

武汉楚风家具有限公司

产品项目成本汇总表

20×1年1月

产品：YM01　　生产步骤：油漆包装　　单位：元

成本项目		上月结余	本月发生	合　计
直接材料	油漆腻子			
	包装物品			
	其他材料			
直接人工	本步骤			
	前步骤			
废品损失	本步骤			
	前步骤			
制造费用	本步骤			
	前步骤			
成本总额				

制表：　　20×1年1月31日

64-3：

武汉楚风家具有限公司

生产成本分配表

20×1 年 1 月

产品：YM01　　　　生产步骤：油漆包装

成本项目		总成本（元）	总产量（件）	分配率（元/件）	完工产品		在产品	
					产量（件）	分配金额（元）	产量（件）	分配金额（元）
直接材料	油漆腻子							
	包装物品							
	其他材料							
	小计		—	—	—		—	
直接人工	本步骤							
	前步骤							
	小计		—	—	—		—	
废品损失	本步骤							
	前步骤							
	小计		—	—	—		—	
制造费用	本步骤							
	前步骤							
	小计		—	—	—		—	
合　计			—	—	—		—	

制表：　　　　20×1 年 1 月 31 日

64-4：

武汉楚风家具有限公司

产 品 入 库 单

№20210002

20×1 年 1 月 9 日

部门：油漆车间

产品名称	规格型号	计量单位	交库数量	备　　注
YM01		把	985	

②财务

交库人：刘阳　　　　仓库保管员：任真

64-5：

武汉楚风家具有限公司

产 品 入 库 单

№20210004

20×1 年 1 月 16 日

部门：油漆车间

产品名称	规格型号	计量单位	交库数量	备　　注
YM01		把	985	

②财务

交库人：刘阳　　　　仓库保管员：任真

64-6：

武汉楚风家具有限公司

产 品 入 库 单

№20210006

20×1 年 1 月 23 日

部门：油漆车间

产品名称	规格型号	计量单位	交库数量	备　　注
YM01		把	985	

②财务

交库人：刘阳　　　　仓库保管员：任真

64-7：

武汉楚风家具有限公司

产 品 入 库 单

№20210008

20×1 年 1 月 31 日

部门：油漆车间

产品名称	规格型号	计量单位	交库数量	备　注
YM01		把	985	其中修复 2 把

②财务

交库人：刘阳　　　　仓库保管员：任真

65：

武汉楚风家具有限公司

产 品 入 库 单

№20210009

20×1 年 1 月 31 日

车间：桌子车间

产品名称	规格型号	计量单位	交库数量	备　注
ZF02		张	120	

②财务

交库人：赵明　　　　仓库保管员：任真

66：

武汉楚风家具有限公司

产 品 入 库 单

№20210010

20×1 年 1 月 31 日

车间：椅子车间

产品名称	规格型号	计量单位	交库数量	备　注
YM02		把	360	

②财务

交库人：王波　　　　仓库保管员：任真

67-1：

武汉楚风家具有限公司

产 品 入 库 单

№20210011

20×1 年 1 月 31 日

车间：桌子车间

产品名称	规格型号	计量单位	交库数量	备　　注
ZD01		张	86	

②财务

交库人：赵明　　　　仓库保管员：任真

67-2：

武汉楚风家具有限公司

产 品 入 库 单

№20210012

20×1 年 1 月 31 日

车间：椅子车间

产品名称	规格型号	计量单位	交库数量	备　　注
YD01		把	140	

②财务

交库人：王波　　　　仓库保管员：任真

（四）总分类账相关记录

1. 生产成本

如表 3-5 所示。

表 3-5

总　分　类　账　　　第47号

科目：生产成本

20×1年 月	日	凭证 字	号	摘　要	借方	贷方	借或贷	余额	核对
1	31	汇	1	记账凭证第1号至第60号	3537260				
	31	汇	2	记账凭证第61号至第132号	157633865	146782026			
				本月合计	161171125	146782026	借	14389099	
				过次页					

2. 制造费用

如表 3-6 所示。

表 3-6

总　分　类　账　　　第48号

科目：制造费用

20×1年 月	日	凭证 字	号	摘　要	借方	贷方	借或贷	余额	核对
1	31	汇	1	记账凭证第1号至第60号	6943940				
	31	汇	2	记账凭证第61号至第132号	10757628	17701568			
				本月合计	17701568	17701568	平	θ	
				过次页					

二、20×1 年 2 月凭证资料

（一）生产情况记录

1. 下料车间

如表 3-7 所示。

表 3-7

武汉鼎新家具有限公司

生产情况报告单

车间：下料车间　　　　20×1 年 2 月

产品（零件）名称	月初在产品		本月投产	本月完工数量		月末在产品	
	数量（件）	完工程度	数量（件）	合格（件）	报废（件）	数量（件）	完工程度
ZF01 桌面	40	50%	920	891	15	54	50%
ZF01 桌脚	190	50%	3650	3560	40	240	50%
ZF01 撑板	210	50%	3640	3560	20	270	50%
YM01 前脚	460	50%	7230	7085	15	590	50%
YM01 后脚	450	50%	7230	7080	22	578	50%
YM01 座板	200	50%	3640	3550	30	260	50%
YM01 横梁	200	50%	3630	3540	30	260	50%
YM01 撑档	2360	50%	36120	35430	40	3010	50%
ZF02 桌面	0		200	200	0	0	
YM02 座板	0		400	400	0	0	

审核人：赵启运　　　　填表人：李斌　　　　日期：20×1 年 2 月 28 日

2. 桌子车间

如表 3-8 所示。

表 3-8

武汉鼎新家具有限公司

生产情况报告单

车间：桌子车间　　　　20×1 年 2 月

产品（零件）名称	月初在产品		本月投产数量（件）	本月完工数量		月末在产品	
	数量（件）	完工程度		合格（件）	报废（件）	数量（件）	完工程度
ZF01 桌面	60	50%	891	875	4	72	50%
ZF01 桌脚	220	50%	3560	3488	6	286	50%
ZF01 撑板	224	50%	3560	3488	4	292	50%
ZF01 钢条	120	50%	2000	1960	0	160	50%
ZF01（组装）	50	50%	870	850	0	70	50%
ZF02 桌面	0		200	200	0	0	
ZF02 支架	0		200	200	0	0	
ZF02（组装）	40	0%	160	140	0	60	0%
ZF02（包装）	0		140	140	0	0	
ZD01 面板	4	50%	0	4	0	0	
ZD01 底板	4	50%	0	4	0	0	
ZD01 前挡板	4	50%	0	4	0	0	
ZD01 侧挡板	8	50%	0	8	0	0	
ZD01 中撑板	4	50%	0	4	0	0	
ZD01（组装）	9	0%	8	17	0	0	
ZD01（包装）	0		17	17	0	0	

审核人：袁世杰　　　　填表人：赵明　　　　日期：20×1 年 2 月 28 日

3. 椅子车间

如表 3-9 所示。

表 3-9

武汉鼎新家具有限公司

生产情况报告单

车间：椅子车间　　　　20×1 年 2 月

产品（零件）名称	月初在产品		本月投产	本月完工数量		月末在产品	
	数量（件）	完工程度	数量（件）	合格（件）	报废（件）	数量（件）	完工程度
YM01 前脚	420	50%	7085	6935	26	544	50%
YM01 后脚	430	50%	7080	6930	20	560	50%
YM01 座板	210	50%	3550	3470	16	274	50%
YM01 横梁	190	50%	3540	3450	30	250	50%
YM01 撑档	2240	50%	35430	34725	45	2900	50%
YM01（组装）	220	50%	3450	3380	0	290	50%
YM02 座板	0		400	400	0	0	
YM02 支架	0		400	400	0	0	
YM02（组装）	40	0%	400	360	0	80	0%
YM02（包装）	0		360	360	0	0	
YD01 前脚	36	50%	0	31	5	0	
YD01 后脚	36	50%	0	31	5	0	
YD01 座板	16	50%	0	13	3	0	
YD01 横梁	16	50%	0	15	1	0	
YD01 靠背	16	50%	0	16	0	0	
YD01 座撑	66	50%	0	61	5	0	
YD01 撑档	52	50%	0	47	5	0	
YD01 椅架	20	50%	16	36	0	0	
YD01（组装）	10	0%	56	66	0	0	
YD01（包装）	0		66	66	0	0	

审核人：韩立威　　　　填表人：王波　　　　日期：20×1 年 2 月 28 日

4. 油漆车间

如表3-10所示。

表3-10

武汉鼎新家具有限公司

生产情况报告单

车间：油漆车间　　　　20×1年2月

产品（零件）名称	月初在产品		本月投产数量（件）	本月完工数量		月末在产品	
	数量（件）	完工程度		合格（件）	报废（件）	数量（件）	完工程度
ZF01（油漆）	50	50%	850	830	2	68	50%
ZF01（包装）	0		832	832	0	0	
YM01（油漆）	200	50%	3380	3310	4	266	50%
YM01（包装）	0		3314	3314	0	0	
ZF02 支架	40	50%	200	160	0	80	50%
ZD01 面板	4	50%	4	8	0	0	
ZD01 底板	4	50%	4	8	0	0	
ZD01 前挡板	6	50%	4	9	1	0	
ZD01 侧挡板	8	50%	8	16	0	0	
ZD01 中撑板	4	50%	4	7	1	0	
YD01 椅架	20	50%	36	56	0	0	

审核人：谭秀　　　　填表人：刘阳　　　　日期：20×1年2月28日

（二）其他会计岗位填制的相关记账凭证

1-1：

记　账　凭　证

记字第18 $\frac{1}{2}$ 号

20×1 年 2 月 9 日

摘要	科目		借方金额										贷方金额										√
	总账科目	明细科目	千	百	十	万	千	百	十	元	角	分	千	百	十	万	千	百	十	元	角	分	
付电话费、网费	制造费用	下料车间-办公费							8	0	0	0											
	制造费用	桌子车间-办公费							9	6	0	0											
	制造费用	椅子车间-办公费							8	8	0	0											
	制造费用	油漆车间-办公费							7	2	0	0											
	生产成本	修理车间-办公费							9	0	0	0											
	生产成本	配电车间-办公费							6	0	0	0											
合计							¥	4	8	6	0	0											

附单据5张

会计主管：　　记账：　　出纳：　　复核：张玲　　制单：魏虹

1-2：

记 账 凭 证

记字第 18 $\frac{2}{2}$ 号

20×1 年 2 月 9 日

摘要	科目		借方金额										贷方金额										√
	总账科目	明细科目	千	百	十	万	千	百	十	元	角	分	千	百	十	万	千	百	十	元	角	分	
付电话费、网费	销售费用	办公费						1	9	2	0	0											√
	管理费用	办公费						5	2	8	0	0											√
	研发支出	办公费							2	4	0	0											√
	应交税费	应交增值税-进项税额						1	0	4	7	0											√
	银行存款	工商银行															1	3	3	4	7	0	√
合计						¥	1	3	3	4	7	0				¥	1	3	3	4	7	0	

附单据 张

会计主管： 记账：刘云 出纳：王丽 复核：张玲 制单：魏虹

2：

记 账 凭 证

记字第 25 号

20×1 年 2 月 12 日

摘要	科目		借方金额										贷方金额										√
	总账科目	明细科目	千	百	十	万	千	百	十	元	角	分	千	百	十	万	千	百	十	元	角	分	
车间设备修理	制造费用	桌子车间-修理费					1	0	0	0	0	0											
	应交税费	应交增值税-进项税额						1	3	0	0	0											√
	银行存款	建设银行															1	1	3	0	0	0	√
合计						¥	1	1	3	0	0	0				¥	1	1	3	0	0	0	

附单据 3 张

会计主管： 记账：刘云 出纳：王丽 复核：张玲 制单：魏虹

3:

记 账 凭 证

记字第 41 号

20×1 年 2 月 26 日

摘要	科目		借方金额										贷方金额										√
	总账科目	明细科目	千	百	十	万	千	百	十	元	角	分	千	百	十	万	千	百	十	元	角	分	
付电费	生产成本	配电车间-水电费				2	0	3	8	4	6	5											
	应交税费	应交增值税-进项税额					2	6	5	0	0	0											√
	银行存款	工商银行														2	3	0	3	4	6	5	√
合计					¥	2	3	0	3	4	6	5			¥	2	3	0	3	4	6	5	

附单据 3 张

会计主管:　　记账: 刘云　　出纳: 王丽　　复核: 张玲　　制单: 魏虹

4-1:

记 账 凭 证

记字第 42 $\frac{1}{2}$ 号

20×1 年 2 月 26 日

摘要	科目		借方金额										贷方金额										√
	总账科目	明细科目	千	百	十	万	千	百	十	元	角	分	千	百	十	万	千	百	十	元	角	分	
付水费	制造费用	下料车间-水电费							7	2	0	0											
	制造费用	桌子车间-水电费							5	4	0	0											
	制造费用	椅子车间-水电费							8	6	4	0											
	制造费用	油漆车间-水电费							6	4	8	0											
	生产成本	修理车间-水电费							4	3	2	0											
	生产成本	配电车间-水电费								5	4	0											
合计							¥	3	2	5	8	0											

附单据 3 张

会计主管:　　记账:　　出纳:　　复核: 张玲　　制单: 魏虹

4-2：

记　账　凭　证

记字第 42 $\frac{2}{2}$ 号

20×1 年　2 月 26 日

摘要	科目		借方金额										贷方金额										√
	总账科目	明细科目	千	百	十	万	千	百	十	元	角	分	千	百	十	万	千	百	十	元	角	分	
付水费	管理费用	水电费						1	0	0	8	0											√
	销售费用	水电费								5	4	0											√
	研发支出	水电费								1	8	0											√
	应交税费	应交增值税-进项税额							3	9	0	4											√
	银行存款	工商银行																4	7	2	8	4	√
合计							¥	4	7	2	8	4					¥	4	7	2	8	4	

附单据　张

会计主管：　记账：刘云　出纳：王丽　复核：张玲　制单：魏虹

5-1：

记　账　凭　证

记字第 49 $\frac{1}{3}$ 号

20×1 年　2 月 28 日

摘要	科目		借方金额										贷方金额										√
	总账科目	明细科目	千	百	十	万	千	百	十	元	角	分	千	百	十	万	千	百	十	元	角	分	
领用周转材料	制造费用	下料车间-工具用品						4	3	1	0	0											
	制造费用	桌子车间-工具用品						1	2	4	0	0											
	制造费用	椅子车间-工具用品						1	9	6	0	0											
	制造费用	油漆车间-工具用品						3	5	0	0	0											
	生产成本	修理车间-工具用品							7	3	0	0											
	生产成本	配电车间-工具用品							3	8	0	0											
合计						¥	1	2	1	2	0	0											

附单据 1 张

会计主管：　记账：　出纳：　复核：张玲　制单：魏虹

5-2:

记 账 凭 证

记字第 49 $\frac{2}{3}$ 号

20×1 年 2 月 28 日

摘要	科目		借方金额										贷方金额										√
	总账科目	明细科目	千	百	十	万	千	百	十	元	角	分	千	百	十	万	千	百	十	元	角	分	
领用周转材料	管理费用	工具用品							4	8	0	0											√
	销售费用	工具用品							1	8	0	0											√
	周转材料	卷尺																	1	0	0	0	√
	周转材料	角尺																		8	0	0	√
	周转材料	木锤																	1	0	0	0	√
	周转材料	钳子																	4	0	0	0	√
合计						¥	1	2	7	8	0	0						¥	9	0	0	0	

附单据 张

会计主管: 记账:魏虹 张玲 出纳: 复核:张玲 制单:魏虹

5-3:

记 账 凭 证

记字第 49 $\frac{3}{3}$ 号

20×1 年 2 月 28 日

摘要	科目		借方金额										贷方金额										√
	总账科目	明细科目	千	百	十	万	千	百	十	元	角	分	千	百	十	万	千	百	十	元	角	分	
领用周转材料	周转材料	喷枪																	3	0	0	0	√
	周转材料	口罩																5	2	0	0	0	√
	周转材料	手套																6	6	0	0	0	√
合计						¥	1	2	7	8	0	0				¥	1	2	7	8	0	0	

附单据 张

会计主管: 记账:魏虹 出纳: 复核:张玲 制单:魏虹

6-1：

记 账 凭 证

记字第 50 $\frac{1}{2}$ 号

20×1 年 2 月 28 日

摘要	科目		借方金额										贷方金额										√
	总账科目	明细科目	千	百	十	万	千	百	十	元	角	分	千	百	十	万	千	百	十	元	角	分	
计提固定资产折旧	制造费用	下料车间-固定资产折旧				1	2	7	1	3	6	0											
	制造费用	桌子车间-固定资产折旧				1	1	9	0	5	6	0											
	制造费用	椅子车间-固定资产折旧				1	3	9	3	7	6	0											
	制造费用	油漆车间-固定资产折旧				1	1	1	7	7	6	0											
	生产成本	修理车间-固定资产折旧					4	0	4	1	6	0											
	生产成本	配电车间-固定资产折旧					3	0	6	5	6	0											
	合计				¥	5	6	8	4	1	6	0											

附单据 5 张

会计主管： 记账： 出纳： 复核：张玲 制单：郑珊

6-2：

记 账 凭 证

记字第 50 $\frac{2}{2}$ 号

20×1 年 2 月 28 日

摘要	科目		借方金额										贷方金额										√
	总账科目	明细科目	千	百	十	万	千	百	十	元	角	分	千	百	十	万	千	百	十	元	角	分	
计提固定资产折旧	管理费用	固定资产折旧				2	9	6	3	5	0	3											√
	销售费用	固定资产折旧					4	0	6	0	8	0											√
	研发支出	固定资产折旧					1	4	0	1	6	0											√
	累计折旧															9	1	9	3	9	0	3	√
	合计				¥	9	1	9	3	9	0	3			¥	9	1	9	3	9	0	3	

附单据 张

会计主管： 记账：郑珊 张玲 出纳： 复核：张玲 制单：郑珊

（三）有关原始凭证及成本核算表格

1-1：

武汉楚风家具有限公司

累计领料单

№20210023

20×1年2月

部门：桌子车间　　　　用途：生产 ZF01

材料名称	规格型号	计量单位	第1次领料	第2次领料	第3次领料	总金额（元）
钢条	2000×30×3	根	500	500		
螺钉	25	盒	75	75	30	
领料人签名			赵明	赵明	赵明	备　注
仓库保管员签名			任真	任真	任真	
领料日期			2. 2	2. 12	2. 26	

②财务

1-2：

武汉楚风家具有限公司

材料退库单

№20210023

20×1年2月28日

部门：桌子车间　　　　原用途：生产 ZF01

材料名称	规格型号	计量单位	退库数量	退库金额（元）
螺钉	25	盒	6	

②财务

退料人：赵明　　　　仓库保管员：任真

2-1：

武汉楚风家具有限公司

累 计 领 料 单

№20210024

20×1年2月

部门：下料车间　　　　用途：生产ZF01、YM01

材料名称	规格型号	计量单位	第1次领料	第2次领料	第3次领料	总金额（元）
原木	杉木	m^3	40.65	40.15		
废木料		m^3	0.8691			
领料人签名			李斌	李斌		备　注
仓库保管员签名			任真	任真		
领料日期			2.1	2.12		

②财务

2-2：

武汉楚风家具有限公司

材 料 退 库 单

№20210024

20×1年2月28日

部门：下料车间　　　　原用途：生产ZF01、YM01

材料名称	规格型号	计量单位	退库数量	退库金额（元）
原木	杉木	m^3	4.65	

②财务

退料人：李斌　　　　仓库保管员：任真

2-3：

武汉楚风家具有限公司

产品共同费用分摊表

20×1年2月

费用名称：木料　　　　　　　　　　　　　　　　　　车间：下料车间

产品	零件	材料定额（cm^3/件）	投产量（件）	总定额（m^3）	分摊率（元/m^3）	分摊金额（元）
ZF01	桌面					
	桌脚					
	撑板					
YM01	前脚					
	后脚					
	座板					
	横梁					
	撑档					
合　　计		—	—		—	

制表：　　　　　　　　　　　　　　　　　　　　　　　　20×1年2月28日

3-1：

武汉楚风家具有限公司

累 计 领 料 单

№20210025

20×1年2月

部门：椅子车间　　　　　　　　　　　　　　　　　　用途：生产YM01

材料名称	规格型号	计量单位	第1次领料	第2次领料	第3次领料	总金额（元）
螺钉	25	盒	180	180		
领料人签名			王波	王波		备　注
仓库保管员签名			任真	任真		
领料日期			2.1	2.12		

②财务

3-2：

武汉楚风家具有限公司

材料退库单　　№20210025

20×1 年 2 月 28 日

部门：椅子车间　　原用途：生产 YM01

材料名称	规格型号	计量单位	退库数量	退库金额（元）
螺钉	25	盒	15	

②财务

退料人：王波　　仓库保管员：任真

4-1：

武汉楚风家具有限公司

累计领料单　　№20210026

20×1 年 2 月

部门：油漆车间　　用途：生产 ZF01、YM01

材料名称	规格型号	计量单位	第 1 次领料	第 2 次领料	第 3 次领料	总金额（元）
腻子		桶	24	20		
油漆	透明	桶	24	20		
领料人签名			刘阳	刘阳		备　注
仓库保管员签名			任真	任真		
领料日期			2. 1	2. 12		

②财务

4-2：

武汉楚风家具有限公司

材料退库单　　№20210026

20×1 年 2 月 28 日

部门：油漆车间　　原用途：生产 ZF01、YM01

材料名称	规格型号	计量单位	退库数量	退库金额（元）
腻子		桶	1	
油漆	透明	桶	1	

②财务

退料人：刘阳　　仓库保管员：任真

4-3：

武汉楚风家具有限公司

产品约当产量计算表

20×1 年 2 月

车间：油漆车间

产品	月初在产品		本月完工数量（件）	月末在产品		约当产量（件）
	数量（件）	完工程度		数量（件）	完工程度	
ZF01						
YM01						

制表：　　　　20×1 年 2 月 28 日

4-4：

武汉楚风家具有限公司

产品共同费用分摊表

20×1 年 2 月

费用名称：腻子　　　　车间：油漆车间

产 品	材料定额（ml/件）	约当产量（件）	总定额（L）	分摊率（元/L）	分摊金额（元）
ZF01					
YM01					
合 计	—	—		—	

制表：　　　　20×1 年 2 月 28 日

4-5：

武汉楚风家具有限公司

产品共同费用分摊表

20×1 年 2 月

费用名称：油漆　　　　车间：油漆车间

产 品	材料定额（ml/件）	约当产量（件）	总定额（L）	分摊率（元/L）	分摊金额（元）
ZF01					
YM01					
合 计	—	—		—	

制表：　　　　20×1 年 2 月 28 日

5-1：

武汉楚风家具有限公司

累计领料单

№20210027

20×1 年 2 月

部门：油漆车间　　　　用途：生产 ZF01、YM01

材料名称	规格型号	计量单位	第 1 次领料	第 2 次领料	第 3 次领料	总金额（元）
包装纸		卷	300	165		
包装绳		卷	240	200		
领料人签名			刘阳	刘阳		备　注
仓库保管员签名			任真	任真		
领料日期			2. 1	2. 12		

②财务

5-2：

武汉楚风家具有限公司

材料退库单

№20210027

20×1 年 2 月 28 日

部门：油漆车间　　　　原用途：生产 ZF01、YM01

材料名称	规格型号	计量单位	退库数量	退库金额（元）
包装纸		卷	10	
包装绳		卷	10	

②财务

退料人：刘阳　　　　仓库保管员：任真

5-3：

武汉楚风家具有限公司

产品共同费用分摊表

20×1 年 2 月

费用名称：包装纸　　　　车间：油漆车间

产 品	材料定额（m/件）	完工产量（件）	总定额（m）	分摊率（元/m）	分摊金额（元）
ZF01					
YM01					
合　计	—	—		—	

制表：　　　　20×1 年 2 月 28 日

5-4：

武汉楚风家具有限公司

产品共同费用分摊表

20×1 年 2 月

费用名称：包装绳　　　　　　　　　　　　　　　　　　　　　车间：油漆车间

产 品	材料定额（m/件）	完工产量（件）	总定额（m）	分摊率（元/m）	分摊金额（元）
ZF01					
YM01					
合 计	—	—		—	

制表：　　　　　　　　　　　　　　　　　　　　　　　　20×1 年 2 月 28 日

6-1：

武汉楚风家具有限公司

累 计 领 料 单

№20210028

20×1 年 2 月

部门：油漆车间　　　　　　　　　　　　　　　　用途：生产 ZD01、YD01

材料名称	规格型号	计量单位	第 1 次领料	第 2 次领料	第 3 次领料	总金额（元）
腻子		桶	1			
油漆	红色	桶	1			
领料人签名			刘阳			备 注
仓库保管员签名			任真			
领料日期			2.1			

②财务

6-2：

武汉楚风家具有限公司

产品约当产量计算表

20×1 年 2 月

车间：油漆车间

产品	零件	月初在产品		本月完工数量（件）	月末在产品		约当产量（件）
		数量（件）	完工程度		数量（件）	完工程度	
ZD01	面板						
	底板						
	前挡板						
	侧挡板						
	中撑板						
YD01	椅架						

制表：　　　　　　　　　　　　20×1 年 2 月 28 日

6-3：

武汉楚风家具有限公司

产品共同费用分摊表

20×1 年 2 月

费用名称：腻子　　　　　　　　　　　　车间：油漆车间

产 品	零件	材料定额（ml/件）	约当产量（件）	总定额（L）	分摊率（元/L）	分摊金额（元）
ZD01	面板					
	底板					
	前挡板					
	侧挡板					
	中撑板					
YD01	椅架					
合 计		—	—		—	

制表：　　　　　　　　　　　　20×1 年 2 月 28 日

6-4：

武汉楚风家具有限公司

产品共同费用分摊表

20×1年2月

费用名称：油漆　　　　车间：油漆车间

产 品	零件	材料定额（ml/件）	约当产量（件）	总定额（L）	分摊率（元/L）	分摊金额（元）
ZD01	面板					
	底板					
	前挡板					
	侧挡板					
	中撑板					
YD01	椅架					
合 计		—	—		—	

制表：　　　　20×1年2月28日

7-1：

武汉楚风家具有限公司

累 计 领 料 单

№20210029

20×1年2月

部门：桌子车间　　　　用途：生产ZD01

材料名称	规格型号	计量单位	第1次领料	第2次领料	第3次领料	总金额（元）
包装纸		卷	5			
包装绳		卷	4			
领料人签名			赵明			备 注
仓库保管员签名			任真			
领料日期			2.1			

②财务

7-2：

武汉楚风家具有限公司

累计领料单

№20210030

20×1年2月

部门：椅子车间　　　　用途：生产 YD01

材料名称	规格型号	计量单位	第1次领料	第2次领料	第3次领料	总金额（元）
包装纸		卷	7			
包装绳		卷	7			
领料人签名			王波			备　注
仓库保管员签名			任真			
领料日期			2. 1			

②财务

8-1：

武汉楚风家具有限公司

累计领料单

№20210031

20×1年2月

部门：下料车间　　　　用途：生产 ZF02、YM02

材料名称	规格型号	计量单位	第1次领料	第2次领料	第3次领料	总金额（元）
免漆板	2000×1000×30	块	125			
领料人签名			李斌			备　注
仓库保管员签名			任真			
领料日期			2. 9			

②财务

8-2：

武汉楚风家具有限公司

产品共同费用分摊表

20×1 年 2 月

费用名称：免漆板　　　　车间：下料车间

产品	零件	材料定额（cm^2/件）	投产量（件）	总定额（m^2）	分摊率（元/m^2）	分摊金额（元）
ZF02	桌面					
YM02	座板					
合　计		—	—		—	

制表：　　　　20×1 年 2 月 28 日

9-1：

武汉楚风家具有限公司

累 计 领 料 单

№20210032

20×1 年 2 月

部门：桌子车间　　　　用途：生产 ZF02

材料名称	规格型号	计量单位	第 1 次领料	第 2 次领料	第 3 次领料	总金额（元）
方钢管	40×40×3500	根	200			
钢条	2000×30×3	根	300			
不锈钢条	2000×30×0. 5	根	400			
领料人签名			赵明			备　注
仓库保管员签名			任真			
领料日期			2. 9			

②财务

9-2：

武汉楚风家具有限公司

累 计 领 料 单

№20210033

20×1 年 2 月

部门：桌子车间　　　　用途：生产 ZF02

材料名称	规格型号	计量单位	第 1 次领料	第 2 次领料	第 3 次领料	总金额（元）
角钢	30×30×4000	根	200			
焊条		包	4			
领料人签名			赵明			备　注
仓库保管员签名			任真			
领料日期			2.9			

②财务

10-1：

武汉楚风家具有限公司

累 计 领 料 单

№20210034

20×1 年 2 月

部门：椅子车间　　　　用途：生产 YM02

材料名称	规格型号	计量单位	第 1 次领料	第 2 次领料	第 3 次领料	总金额（元）
不锈钢条	2000×30×0.5	根	400			
螺钉	25	盒	40			
镀锌钢管	Φ30×3500	根	400			
领料人签名			王波			备　注
仓库保管员签名			任真			
领料日期			2.9			

②财务

10-2：

武汉楚风家具有限公司

累计领料单

№20210035

20×1 年 2 月

部门：椅子车间　　　　用途：生产 YM02

材料名称	规格型号	计量单位	第 1 次领料	第 2 次领料	第 3 次领料	总金额（元）
靠背		个	400			
螺栓	40	盒	60			
领料人签名			王波			备　注
仓库保管员签名			任真			
领料日期			2. 9			

②财务

11-1：

武汉楚风家具有限公司

累计领料单

№20210036

20×1 年 2 月

部门：椅子车间　　　　用途：生产 YM02

材料名称	规格型号	计量单位	第 1 次领料	第 2 次领料	第 3 次领料	总金额（元）
包装箱	Ⅱ型	个	400			
包装带		卷	40			
领料人签名			王波			备　注
仓库保管员签名			任真			
领料日期			2. 9			

②财务

11-2：

武汉楚风家具有限公司

材 料 退 库 单

№20210028

20×1 年 2 月 28 日

部门：椅子车间　　　　原用途：生产 YM02

材料名称	规格型号	计量单位	退库数量	退库金额（元）
包装箱	Ⅱ型	个	40	
包装带		卷	4	

②财务

退料人：王波　　　　仓库保管员：任真

12：

武汉楚风家具有限公司

累 计 领 料 单

№20210037

20×1 年 2 月

部门：桌子车间　　　　用途：生产 ZF02

材料名称	规格型号	计量单位	第 1 次领料	第 2 次领料	第 3 次领料	总金额（元）
螺栓	40	盒	16			
螺栓	50	盒	16			
螺钉	25	盒	64			
领料人签名			赵明			备　注
仓库保管员签名			任真			
领料日期			2. 12			

②财务

13：

武汉楚风家具有限公司

累 计 领 料 单

№20210038

20×1 年 2 月

部门：油漆车间　　　　　　　　　　　　　　　　　　用途：生产 ZF02

材料名称	规格型号	计量单位	第 1 次领料	第 2 次领料	第 3 次领料	总金额（元）
油漆	黑色	桶	2			
领料人签名			刘阳			备　注
仓库保管员签名			任真			
领料日期			2. 12			

②财务

14-1：

武汉楚风家具有限公司

累 计 领 料 单

№20210039

20×1 年 2 月

部门：桌子车间　　　　　　　　　　　　　　　　　　用途：生产 ZF02

材料名称	规格型号	计量单位	第 1 次领料	第 2 次领料	第 3 次领料	总金额（元）
包装箱	Ⅰ型	个	160			
包装带		卷	20			
领料人签名			赵明			备　注
仓库保管员签名			任真			
领料日期			2. 12			

②财务

14-2：

武汉楚风家具有限公司

材料退库单

№20210029

20×1年2月28日

部门：桌子车间　　　　原用途：生产ZF02

材料名称	规格型号	计量单位	退库数量	退库金额（元）
包装箱	Ⅰ型	个	20	
包装带		卷	2	

②财务

退料人：赵明　　　　仓库保管员：任真

15：

武汉楚风家具有限公司

材料成本差异分摊表

20×1年2月

产品	生产步骤	领用材料金额（元）	差异率（%）	分摊金额（元）
ZF01	下料			
	制作			
	油漆包装			
YM01	下料			
	制作			
	油漆包装			
ZF02	下料			
	制作			
	油漆			
	组装包装			
YM02	下料			
	制作			
	包装			
ZD01				
YD01				
合　计			—	

制表：　　　　20×1年2月28日

16-1：

武汉楚风家具有限公司

职工工资统计表

20×1年2月　　单位：元

部　　门	人员类别	基本工资	岗位工资	合　　计
下料车间	生产工人	40000.00	20000.00	60000.00
	管理人员	4000.00	5000.00	9000.00
桌子车间	生产工人	35000.00	17333.35	52333.35
	管理人员	4000.00	5000.00	9000.00
椅子车间	生产工人	51000.00	25333.35	76333.35
	管理人员	4000.00	5000.00	9000.00
油漆车间	生产工人	27800.00	21000.00	48800.00
	管理人员	4000.00	6000.00	10000.00
修理车间		4000.00	4500.00	8500.00
配电车间		4000.00	4500.00	8500.00
行政后勤部门		72000.00	90000.00	162000.00
营销部		6000.00	7000.00	13000.00
产品研发部		6000.00	7000.00	13000.00
合　　计		261800.00	217666.70	479466.70

制表：郑珊　　20×1年2月28日

16-2：

武汉楚风家具有限公司

产品约当产量计算表

20×1 年 2 月

车间：下料车间

产品	零件	月初在产品		本月完工数量（件）	月末在产品		约当产量（件）
		数量（件）	完工程度		数量（件）	完工程度	
ZF01	桌面						
	桌脚						
	撑板						
YM01	前脚						
	后脚						
	座板						
	横梁						
	撑档						
ZF02	桌面						
YM02	座板						

制表：　　　　　　　　　　　　　　　　　　　　　20×1 年 2 月 28 日

16-3：

武汉楚风家具有限公司

产品约当产量计算表

20×1 年 2 月

车间：桌子车间

产品	零件	月初在产品		本月完工数量（件）	月末在产品		约当产量（件）
		数量（件）	完工程度		数量（件）	完工程度	
ZF01	桌面						
	桌脚						
	撑板						
	钢条						
	组装						
ZF02	桌面						
	支架						
	组装						
	包装						
ZD01	面板						
	底板						
	前挡板						
	侧挡板						
	中撑板						
	组装						
	包装						

制表：　　　　20×1 年 2 月 28 日

16-4：

武汉楚风家具有限公司

产品约当产量计算表

20×1 年 2 月

车间：椅子车间

产品	零件或工序	月初在产品		本月完工数量（件）	月末在产品		约当产量（件）
		数量（件）	完工程度		数量（件）	完工程度	
YM01	前脚						
	后脚						
	座板						
	横梁						
	撑档						
	组装						
YM02	座板						
	支架						
	组装						
	包装						
YD01	前脚						
	后脚						
	座板						
	横梁						
	靠背						
	座撑						
	撑档						
	椅架						
	组装						
	包装						

制表：　　　　　　　　　　　　　　　　　　　　　　　　20×1 年 2 月 28 日

16-5：

武汉楚风家具有限公司

产品约当产量计算表

20×1年2月

车间：油漆车间

产品	零件或工序	月初在产品		本月完工数量（件）	月末在产品		约当产量（件）
		数量（件）	完工程度		数量（件）	完工程度	
ZF01	油漆						
	包装						
YM01	油漆						
	包装						
ZF02	支架						
ZD01	面板						
	底板						
	前挡板						
	侧挡板						
	中撑板						
YD01	椅架						

制表：　　　　　　　　　　　　　　　　　　　　　　20×1年2月28日

16-6：

武汉楚风家具有限公司

产品共同费用分摊表

20×1 年 2 月

费用名称：生产工人工资　　　　车间：下料车间

产品	零件或工序	工时定额（分钟/件）	约当产量（件）	总定额（小时）	分摊率（元/小时）	分摊金额（元）
ZF01	桌面					
	桌脚					
	撑板					
YM01	前脚					
	后脚					
	座板					
	横梁					
	撑档					
ZF02	桌面					
YM02	座板					
合　计		—	—		—	

制表：　　　　20×1 年 2 月 28 日

16-7：

武汉楚风家具有限公司

产品共同费用分摊表

20×1 年 2 月

费用名称：生产工人工资　　　　　　　　　　　　　　　　　　　车间：桌子车间

产品	零件或工序	工时定额（分钟/件）	约当产量（件）	总定额（小时）	分摊率（元/小时）	分摊金额（元）
ZF01	桌面					
	桌脚					
	撑板					
	钢条					
	组装					
ZF02	桌面					
	支架					
	组装					
	包装					
ZD01	面板					
	底板					
	前挡板					
	侧挡板					
	中撑板					
	组装					
	包装					
合　计		—	—		—	

制表：　　　　　　　　　　　　　　　　　　　　　　　　20×1 年 2 月 28 日

16-8：

武汉楚风家具有限公司

产品共同费用分摊表

20×1年2月

费用名称：生产工人工资　　车间：椅子车间

产品	零件或工序	工时定额（分钟/件）	约当产量（件）	总定额（小时）	分摊率（元/小时）	分摊金额（元）
YM01	前脚					
	后脚					
	座板					
	横梁					
	撑档					
	组装					
YM02	座板					
	支架					
	组装					
	包装					
YD01	前脚					
	后脚					
	座板					
	横梁					
	靠背					
	座撑					
	撑档					
	椅架					
	组装					
	包装					
合　计		—	—		—	

制表：　　20×1年2月28日

16-9：

武汉楚风家具有限公司

产品共同费用分摊表

20×1 年 2 月

费用名称：生产工人工资　　　　车间：油漆车间

产品	零件或工序	工时定额（分钟/件）	约当产量（件）	总定额（小时）	分摊率（元/小时）	分摊金额（元）
ZF01	油漆					
	包装					
YM01	油漆					
	包装					
ZF02	支架					
ZD01	面板					
	底板					
	前挡板					
	侧挡板					
	中撑板					
YD01	椅架					
合　计		—	—		—	

制表：　　　　20×1 年 2 月 28 日

17-1：

武汉楚风家具有限公司

职工奖金计算表

20×1 年 2 月

部　门	人员类别	超额工时（小时）	单位奖励（元/小时）	奖　金（元）
下料车间	生产工人	473. 30	30. 00	14199. 00
桌子车间	生产工人	560. 00	30. 00	16800. 00
椅子车间	生产工人	795. 00	30. 00	23850. 00
油漆车间	生产工人	401. 50	30. 00	12045. 00
合　计		2229. 30	—	66894. 00

制表：郑珊　　　　20×1 年 2 月 28 日

17-2：

武汉楚风家具有限公司

产品共同费用分摊表

20×1年2月

费用名称：奖金　　　　车间：下料车间

产品	生产步骤	总定额工时（小时）	分摊率（元/小时）	分摊金额（元）
ZF01	下料			
YM01	下料			
ZF02	下料			
YM02	下料			
合　计			—	

制表：　　　　20×1年2月28日

17-3：

武汉楚风家具有限公司

产品共同费用分摊表

20×1年2月

费用名称：奖金　　　　车间：桌子车间

产品	生产步骤	总定额工时（小时）	分摊率（元/小时）	分摊金额（元）
ZF01	制作			
ZF02	制作			
	组装包装			
ZD01				
合　计			—	

制表：　　　　20×1年2月28日

17-4：

武汉楚风家具有限公司

产品共同费用分摊表

20×1年2月

费用名称：奖金　　　　车间：椅子车间

产品	生产步骤	总定额工时（小时）	分摊率（元/小时）	分摊金额（元）
YM01	制作			
YM02	制作			
	包装			
YD01				
合　计			—	

制表：　　　　20×1年2月28日

17-5：

武汉楚风家具有限公司

产品共同费用分摊表

20×1年2月

费用名称：奖金　　　　车间：油漆车间

产品	生产步骤	总定额工时（小时）	分摊率（元/小时）	分摊金额（元）
ZF01	油漆包装			
YM01	油漆包装			
ZF02	油漆			
ZD01				
YD01				
合　计			—	

制表：　　　　20×1年2月28日

18-1：

武汉楚风家具有限公司

职工福利费分配表

20×1 年 2 月 单位：元

部　　门	人员类别	职工福利费	部　　门	职工福利费
下料车间	生产工人	4500.00	修理车间	450.00
	管理人员	450.00	配电车间	450.00
桌子车间	生产工人	3885.00	行政后勤部门	8040.00
	管理人员	450.00	营销部	600.00
椅子车间	生产工人	5685.00	产品研发部	675.00
	管理人员	450.00	合　　计	29235.00
油漆车间	生产工人	3150.00		
	管理人员	450.00		

制表：郑珊　　20×1 年 2 月 28 日

18-2：

武汉楚风家具有限公司

产品共同费用分摊表

20×1 年 2 月

费用名称：职工福利费　　车间：下料车间

产品	生产步骤	总定额工时（小时）	分摊率（元/小时）	分摊金额（元）
ZF01	下料			
YM01	下料			
ZF02	下料			
YM02	下料			
合　　计			—	

制表：　　20×1 年 2 月 28 日

18-3：

武汉楚风家具有限公司

产品共同费用分摊表

20×1年2月

费用名称：职工福利费　　　　　　车间：桌子车间

产品	生产步骤	总定额工时（小时）	分摊率（元/小时）	分摊金额（元）
ZF01	制作			
ZF02	制作			
	组装包装			
ZD01				
合　计			—	

制表：　　　　　　20×1年2月28日

18-4：

武汉楚风家具有限公司

产品共同费用分摊表

20×1年2月

费用名称：职工福利费　　　　　　车间：椅子车间

产品	生产步骤	总定额工时（小时）	分摊率（元/小时）	分摊金额（元）
YM01	制作			
YM02	制作			
	包装			
YD01				
合　计			—	

制表：　　　　　　20×1年2月28日

18-5：

武汉楚风家具有限公司

产品共同费用分摊表

20×1 年 2 月

费用名称：职工福利费　　　　　　　　　　　　　　　　　　车间：油漆车间

产品	生产步骤	总定额工时（小时）	分摊率（元/小时）	分摊金额（元）
ZF01	油漆包装			
YM01	油漆包装			
ZF02	油漆			
ZD01				
YD01				
合　计			—	

制表：　　　　　　　　　　　　　　　　　　　　　　　　20×1 年 2 月 28 日

19：

武汉楚风家具有限公司

工会经费和职工教育经费计提表

20×1年2月　　　　单位：元

部门	人员类别		工资总额	工会经费	职工教育经费	经费合计
下料车间	生产工人	ZF01	9795.71	195.93	146.93	342.86
		YM01	49741.98	994.84	746.13	1740.97
		ZF02	154.18	3.08	2.31	5.39
		YM02	308.13	6.16	4.62	10.78
	管理人员		9000.00	180.00	135.00	315.00
桌子车间	生产工人	ZF01	47211.24	944.22	708.17	1652.39
		ZF02（制作）	3645.96	72.92	54.69	127.61
		ZF02（组装包装）	1225.02	24.50	18.38	42.88
		ZD01	251.13	5.02	3.77	8.79
	管理人员		9000.00	180.00	135.00	315.00
椅子车间	生产工人	YM01	71701.99	1434.04	1075.53	2509.57
		YM02（制作）	3427.38	68.55	51.41	119.96
		YM02（包装）	527.29	10.55	7.91	18.46
		YD01	676.69	13.53	10.15	23.68
	管理人员		9000.00	180.00	135.00	315.00
油漆车间	生产工人	ZF01	10850.80	217.04	162.78	379.82
		YM01	35985.58	719.69	539.77	1259.46
		ZF02	1396.49	27.92	20.94	48.86
		ZD01	170.68	3.41	2.56	5.97
		YD01	396.45	7.93	5.95	13.88
	管理人员		10000.00	200.00	150.00	350.00
修理车间			8500.00	170.00	127.50	297.50
配电车间			8500.00	170.00	127.50	297.50
行政后勤部门			162000.00	3240.00	2430.00	5670.00
营销部			13000.00	260.00	195.00	455.00
产品研发部			13000.00	260.00	195.00	455.00
合　计			479466.70	9589.33	7192.00	16781.33

注：ZF01工会经费、职工教育经费计算结果分别为195.91元和146.94元，分别调整为195.93元和146.93元。

复核：　　　　制表：郑珊　　　　20×1年2月28日

20：

武汉楚风家具有限公司

职工“五险一金”计提表

20×1年2月

单位：元

部门	人员类别		工资总额	养老保险	医疗保险	失业保险	工伤保险	生育保险	住房公积金	合计
下料车间	生产工人	ZF01	9795.71	1959.11	783.66	195.93	97.97	78.34	979.58	4094.59
		YM01	49741.98	9948.40	3979.36	994.84	497.42	397.94	4974.20	20792.16
		ZF02	154.18	30.84	12.33	3.08	1.54	1.23	15.42	64.44
		YM02	308.13	61.63	24.65	6.16	3.08	2.47	30.81	128.80
	管理人员		9000.00	1800.00	720.00	180.00	90.00	72.00	900.00	3762.00
桌子车间	生产工人	ZF01	47211.24	9442.25	3776.90	944.22	472.11	377.69	4721.12	19734.29
		ZF02（制作）	3645.96	729.19	291.68	72.92	36.46	29.17	364.60	1524.02
		ZF02（组装包装）	1225.02	245.00	98.00	24.50	12.25	9.80	122.50	512.05
		ZD01	251.13	50.23	20.09	5.02	2.51	2.01	25.11	104.97
	管理人员		9000.00	1800.00	720.00	180.00	90.00	72.00	900.00	3762.00
椅子车间	生产工人	YM01	71701.99	14340.40	5736.16	1434.04	717.02	573.62	7170.20	29971.44
		YM02（制作）	3427.38	685.48	274.19	68.55	34.27	27.42	342.74	1432.65
		YM02（包装）	527.29	105.46	42.18	10.55	5.27	4.22	52.73	220.41
		YD01	676.69	135.34	54.14	13.53	6.77	5.41	67.67	282.86
	管理人员		9000.00	1800.00	720.00	180.00	90.00	72.00	900.00	3762.00

续表

部　门	人员类别		工资总额	养老保险	医疗保险	失业保险	工伤保险	生育保险	住房公积金	合　计
油漆车间	生产工人	ZF01	10852.24	2170.45	868.18	217.04	108.52	86.82	1085.22	4536.23
		YM01	35984.65	7196.93	2878.77	719.69	359.85	287.88	3598.47	15041.59
		ZF02	1396.13	279.23	111.69	27.92	13.96	11.17	139.61	583.58
		ZD01	170.64	34.13	13.65	3.41	1.71	1.37	17.06	71.33
		YD01	396.34	79.27	31.71	7.93	3.96	3.17	39.63	165.67
	管理人员		10000.00	2000.00	800.00	200.00	100.00	80.00	1000.00	4180.00
修理车间			8500.00	1700.00	680.00	170.00	85.00	68.00	850.00	3553.00
配电车间			8500.00	1700.00	680.00	170.00	85.00	68.00	850.00	3553.00
行政后勤部门			162000.00	32400.00	12960.00	3240.00	1620.00	1296.00	16200.00	67716.00
营销部			13000.00	2600.00	1040.00	260.00	130.00	104.00	1300.00	5434.00
产品研发部			13000.00	2600.00	1040.00	260.00	130.00	104.00	1300.00	5434.00
合　计			479466.70	95893.34	38357.34	9589.33	4794.67	3835.73	47946.67	200417.08

注：ZF01养老保险、医疗保险、失业保险、工伤保险、生育保险和住房公积金计算结果分别为1959.14元、783.66元、195.91元、97.96元、78.37元和979.57元，分别调整为1959.11元、783.66元、195.93元、97.97元、78.34元和979.58元。

复核：　　　　制表：郑珊　　　　20×1年2月28日

21-1：

武汉楚风家具有限公司

修理材料耗用统计表

20×1 年 2 月

材料名称	单位	下料车间	桌子车间	椅子车间	油漆车间	配电车间	行政后勤	营销部	产品研发部	合计
电线	m	50	30	40	40	40	100			300
普通开关	个	2	2	2	2		4	2	1	15
空气开关	个		1		1	1	1			4
机油	L	2	3	2						7
钻头	个		2	2						4
锯片	张	1								1
铣刀	把		2	2						4
夹头	个		2	2						4

制表：雷刚　　20×1 年 2 月 28 日

21-2：

武汉楚风家具有限公司

修理材料成本计算表

20×1 年 2 月　　单位：元

材料名称	下料车间	桌子车间	椅子车间	油漆车间	配电车间	行政后勤	营销部	产品研发部	合计
电线									
普通开关									
空气开关									
机油									
钻头									
锯片									
铣刀									
夹头									
合计									

制表：　　20×1 年 2 月 28 日

22：

武汉楚风家具有限公司

修理材料成本差异分摊表

20×1 年 2 月

单 位	耗用材料金额（元）	差异率（%）	分摊金额（元）
下料车间			
桌子车间			
椅子车间			
油漆车间			
配电车间			
行政后勤部门			
营销部			
产品研发部			
合 计		—	

制表：　　　　20×1 年 2 月 28 日

23-1：

武汉楚风家具有限公司

废品情况报告单

20×1 年 2 月

车间：下料车间

产品	零件	报废数量（件）				废品类别
		总数	料废	工废	其他	
ZF01	桌面	15	15			不可修复
	桌脚	40	40			不可修复
	撑板	20	20			不可修复
YM01	前脚	15	15			不可修复
	后脚	22	22			不可修复
	座板	30	30			不可修复
	横梁	30	30			不可修复
	撑档	40	40			不可修复

技术品质部：严正　　　　车间：李斌

23-2：

武汉楚风家具有限公司

废品损失计算表

车间：下料车间

产品	零件	报废数量（件）	废品损失					
			材料损失			人工损失		
			定额（cm^3/件）	总数量（m^3）	金额（元）	定额（分钟/件）	总工时（小时）	金额（元）
ZF01	桌面							
	桌脚							
	撑板							
YM01	前脚							
	后脚							
	座板							
	横梁							
	撑档							
合　计		—	—			—		

制表：　　　　　　　　　　　　　　　　　　20×1 年 2 月 28 日

23-3：

武汉楚风家具有限公司

废品情况报告单

20×1 年 2 月

车间：桌子车间

产品	零件	报废数量（件）				废品类别
		总数	料废	工废	其他	
ZF01	桌面	4		4		不可修复
	桌脚	6		6		不可修复
	撑板	4		4		不可修复

技术品质部：严正　　　　　　　　　　　　　　　　车间：赵明

23-4：

武汉楚风家具有限公司

废品损失计算表

车间：桌子车间

产品	零件	报废数量（件）	废品损失					
			材料损失			人工损失		
			定额（cm^3/件）	总定额（m^3）	金额（元）	定额（分钟/件）	总定额（小时）	金额（元）
ZF01	桌面							
	桌脚							
	撑板							

制表：　　　　　　　　　　　　　　　　　　　　　　　　　20×1 年 2 月 28 日

23-5：

武汉楚风家具有限公司

废品情况报告单

20×1 年 2 月

车间：椅子车间

产品	零件	报废数量（件）				废品类别
		总数	料废	工废	其他	
YM01	前脚	26		26		不可修复
	后脚	20		20		不可修复
	座板	16		16		不可修复
	横梁	30		30		不可修复
	撑档	45		45		不可修复

技术品质部：严正　　　　　　　　　　　　　　　　　　　　　车间：王波

23-6：

武汉楚风家具有限公司

废品损失计算表

车间：椅子车间

产品	零件	报废数量（件）	废品损失					
			材料损失			人工损失		
			定额（cm^3/件）	总定额（m^3）	金额（元）	定额（分钟/件）	总定额（小时）	金额（元）
YM01	前脚							
	后脚							
	座板							
	横梁							
	撑档							

制表：　　　　20×1 年 2 月 28 日

23-7：

武汉楚风家具有限公司

废品情况报告单

20×1 年 2 月

车间：油漆车间

产品	零件	报废数量（件）				废品类别
		总数	料废	工废	其他	
ZF01		2	1	1		可修复
YM01		4		2	2	可修复

技术品质部：严正　　　　车间：刘阳

24-1：

武汉楚风家具有限公司

废品修复报告单

车间：油漆车间　　　　20×1年2月28日

产品名称	ZF01	数量	1件	报废原因	2只桌脚变形		
修复用料					修复工时		
材料（零件）名称	来源	数量	材料费用（元）	人工费用（元）	修复人员	工作内容	工时（小时）	金额（元）
ZF01桌脚	桌子车间	2只			周兴	换桌脚	0.80	
腻子	油漆车间	30ml			徐进	腻子油漆	0.50	
油漆	油漆车间	30ml						
材料费用合计（元）			人工费用合计（元）			费用总额（元）		

生产部：鲁平　　　　会计：

24-2：

武汉楚风家具有限公司

废品修复报告单

车间：油漆车间　　　　20×1年2月28日

产品名称	ZF01	数量	1件	报废原因	2块撑板炸裂			
修复用料					修复工时			
材料（零件）名称	来源	数量	材料费用（元）	人工费用（元）	修复人员	工作内容	工时（小时）	金额（元）
ZF01撑板	桌子车间	2块			周兴	换撑板	0.80	
腻子	油漆车间	20ml			徐进	腻子油漆	0.40	
油漆	油漆车间	20ml						
材料费用合计（元）			人工费用合计（元）			费用总额（元）		

生产部：鲁平　　　　会计：

24-3：

武汉楚风家具有限公司

废品修复报告单

车间：油漆车间　　　　　　　　　　　　　　　　20×1 年 2 月 28 日

产品名称	YM01	数量	2 件	报废原因	各有一只前脚断裂			
修复用料					修复工时			
材料（零件）名称	来源	数量	材料费用（元）	人工费用（元）	修复人员	工作内容	工时（小时）	金额（元）
YM01 前脚	椅子车间	2 只			周兴	换前脚	0.50	
腻子	油漆车间	20ml			徐进	腻子油漆	0.40	
油漆	油漆车间	20ml						
材料费用合计（元）			人工费用合计（元）			费用总额（元）		

生产部：鲁平　　　　　　　　　　　　　　　　　　会计：

24-4：

武汉楚风家具有限公司

废品修复报告单

车间：油漆车间　　　　　　　　　　　　　　　　20×1 年 2 月 28 日

产品名称	YM01	数量	2 件	报废原因	座板变形			
修复用料					修复工时			
材料（零件）名称	来源	数量	材料费用（元）	人工费用（元）	修复人员	工作内容	工时（小时）	金额（元）
YM01 座板	椅子车间	2 块			周兴	换座板	0.60	
腻子	油漆车间	10ml			徐进	腻子油漆	0.40	
油漆	油漆车间	10ml						
材料费用合计（元）			人工费用合计（元）			费用总额（元）		

生产部：鲁平　　　　　　　　　　　　　　　　　　会计：

25：

武汉楚风家具有限公司

扣发废品责任人工资统计表

20×1 年 2 月

部　门	人员类别	事　由	扣发金额（元）
桌子车间	ZF01 生产工人	人为废品	62.68
椅子车间	YM01 生产工人	人为废品	179.92
油漆车间	ZF01 生产工人	人为废品	29.05
	YM01 生产工人	人为废品	18.98
合　计			290.63

制表：郑珊　　　　20×1 年 2 月 28 日

26-1：

武汉楚风家具有限公司

材 料 退 库 单　　　　№20210030

20×1 年 2 月 28 日

部门：下料车间　　　　原用途：生产 ZD01、YM01

材料名称	规格型号	计量单位	退库数量	退库金额（元）
废木料		m^3	0.4270	

②财务

退料人：李斌　　　　仓库保管员：任真

26-2：

武汉楚风家具有限公司

回收废料价值分摊表

20×1年2月

车间：下料车间

产品	零件	材料定额（cm^3/件）	回收数量（件）	总定额（m^3）	分摊率（元/m^3）	分摊金额（元）
ZF01	桌面					
	桌脚					
	撑板					
YM01	前脚					
	后脚					
	横梁					
合计		—	—		—	

制表： 20×1年2月28日

26-3：

武汉楚风家具有限公司

材料退库单

№20210031

20×1年2月28日

部门：桌子车间 原用途：生产ZF01

材料名称	规格型号	计量单位	退库数量	退库金额（元）
废木料		m^3	0.0835	

②财务

退料人：赵明 仓库保管员：任真

26-4：

武汉楚风家具有限公司

材料退库单

№20210032

20×1年2月28日

部门：椅子车间　　　　原用途：生产YM01

材料名称	规格型号	计量单位	退库数量	退库金额（元）
废木料		m^3	0.0668	

②财务

退料人：王波　　　　仓库保管员：任真

26-5：

武汉楚风家具有限公司

材料退库单

№20210033

20×1年2月28日

部门：油漆车间　　　　原用途：生产ZF01、YM01

材料名称	规格型号	计量单位	退库数量	退库金额（元）
废木料		m^3	0.0084	

②财务

退料人：刘阳　　　　仓库保管员：任真

26-6：

武汉楚风家具有限公司

回收废料价值分摊表

20×1年2月

车间：油漆车间

产品	零件	材料定额（cm^3/件）	回收数量（件）	总定额（m^3）	分摊率（元/m^3）	分摊金额（元）
ZF01	桌脚					
	撑板					
YM01	前脚					
合计		—	—		—	

制表：　　　　20×1年2月28日

26-7：

武汉楚风家具有限公司

材料退库单

№20210021

20×1 年 2 月 9 日

部门：椅子车间　　　　原用途：生产 YD01

材料名称	规格型号	计量单位	退库数量	退库金额（元）
废木料		m^3	0.0233	

②财务

退料人：王波　　　　仓库保管员：任真

26-8：

武汉楚风家具有限公司

材料退库单

№20210022

20×1 年 2 月 9 日

部门：油漆车间　　　　原用途：生产 ZD01

材料名称	规格型号	计量单位	退库数量	退库金额（元）
废木料		m^3	0.0148	

②财务

退料人：刘阳　　　　仓库保管员：任真

27：

武汉楚风家具有限公司

副产品销售成本分摊表

20×1 年 2 月

副产品名称：刨花　　　　销售成本：398.72 元

主产品	分摊比例（%）	分摊成本（元）
ZF01	39.86	158.92
YM01	59.81	238.46
ZD01	0.14	0.57
YD01	0.19	0.77
合　计	100.00	398.72

制表：鲁平　　　　20×1 年 2 月 28 日

28：

武汉楚风家具有限公司

副产品销售成本分摊表

20×1 年 2 月

副产品名称：木屑　　　　销售成本：365.52 元

主产品	生产步骤	分摊比例（%）	分摊成本（元）
ZF01	下料	24.42	89.24
	制作	14.95	54.64
YM01	下料	35.58	130.07
	制作	24.92	91.09
ZD01		0.05	0.19
YD01		0.08	0.29
合　计		100.00	365.52

制表：鲁平　　　　20×1 年 2 月 28 日

29-1：

武汉楚风家具有限公司

维修工时统计表

20×1 年 2 月

部门	下料车间	桌子车间	椅子车间	油漆车间	配电车间	行政后勤部门	营销部	产品研发部	合　计
工时（小时）	40	60	40	10	20	14	10	6	200

制表：雷刚　　　　20×1 年 2 月 28 日

29-2：

武汉楚风家具有限公司

辅助生产成本交互分配表

20×1 年 2 月

分出车间：修理车间　　　　分进车间：配电车间

成本项目	成本金额（元）	提供劳务总量（小时）	单位成本（元/小时）	接受劳务量（小时）	分配金额（元）
总成本					
办公费					
水电费					
工具用品					
固定资产折旧					
人工费					

制表：　　　　20×1 年 2 月 28 日

30-1：

武汉楚风家具有限公司

供 电 统 计 表

20×1 年 2 月

部门	下料车间	桌子车间	椅子车间	油漆车间	修理车间	行政后勤部门	营销部	产品研发部	合　计
用电量（千瓦时）	5826	6504	8626	3144	558	4742	644	246	30290

制表：朱思泉　　　　20×1 年 2 月 28 日

30-2：

武汉楚风家具有限公司

辅助生产成本交互分配表

20×1 年 2 月

分出车间：配电车间　　　　分进车间：修理车间

成本项目	成本金额（元）	提供劳务总量（千瓦时）	单位成本（元/千瓦时）	接受劳务量（千瓦时）	分配金额（元）
总成本					
办公费					
水电费					
工具用品					
固定资产折旧					
人工费					
修理费					

制表：　　　　20×1 年 2 月 28 日

31-1：

武汉楚风家具有限公司

辅助生产成本分配表

20×1 年 2 月

辅助生产部门：修理车间

待分配辅助生产成本（元）			
受益单位劳务总量（小时）			
单位成本（元/小时）			
辅助生产成本分配	受益单位	劳务量（小时）	分配金额（元）
	下料车间		
	桌子车间		
	椅子车间		
	油漆车间		
	行政后勤部门		
	营销部		
	产品研发部		
	合　计		

制表：　　　　20×1 年 2 月 28 日

31-2：

武汉楚风家具有限公司

辅助生产成本分配表

20×1 年 2 月

辅助生产部门：配电车间

待分配辅助生产成本（元）			
受益单位劳务总量（千瓦时）			
单位成本（元/千瓦时）			
辅助生产成本分配	受益单位	劳务量（千瓦时）	分配金额（元）
	下料车间		
	桌子车间		
	椅子车间		
	油漆车间		
	行政后勤部门		
	营销部		
	产品研发部		
	合　　计		

制表：　　　　　　　　　　　　　　　　　　　　20×1 年 2 月 28 日

32-1：

武汉楚风家具有限公司

制造费用分配表

20×1 年 2 月

车间：下料车间

待分配制造费用（元）			
总定额工时（小时）			
分配率（元/小时）			
制造费用分配	产品	定额工时（小时）	分配金额（元）
	ZF01		
	YM01		
	ZF02		
	YM02		
	合　　计		

制表：　　　　　　　　　　　　　　　　　　　　20×1 年 2 月 28 日

32-2：

武汉楚风家具有限公司

制造费用分配表

20×1 年 2 月

车间：桌子车间

待分配制造费用（元）			
总定额工时（小时）			
分配率（元/小时）			
制造费用分配	产品	定额工时（小时）	分配金额（元）
	ZF01		
	ZF02（制作）		
	ZF02（组装包装）		
	ZD01		
	合　　计		

制表：　　　　　　20×1 年 2 月 28 日

32-3：

武汉楚风家具有限公司

制造费用分配表

20×1 年 2 月

车间：椅子车间

待分配制造费用（元）			
总定额工时（小时）			
分配率（元/小时）			
制造费用分配	产品	定额工时（小时）	分配金额（元）
	YM01		
	YM02（制作）		
	YM02（包装）		
	YD01		
	合　　计		

制表：　　　　　　20×1 年 2 月 28 日

32-4：

武汉楚风家具有限公司

制造费用分配表

20×1年2月

车间：油漆车间

待分配制造费用（元）			
总定额工时（小时）			
分配率（元/小时）			
制造费用分配	产品	定额工时（小时）	分配金额（元）
	ZF01		
	YM01		
	ZD01		
	YD01		
	合　计		

制表：　　　　　　　　　　　　　　　　　　　　　　　　20×1年2月28日

33-1：

武汉楚风家具有限公司

产品材料定额计算表

20×1年2月

产品：ZF01　　　　　　　　　　材料：木料　　　　　　　　　　生产步骤：下料

产品类别	零件名称	实际产量（件）	材料定额（cm^3/件）	总定额（m^3）
完工产品	桌面			
	桌脚			
	撑板			
在产品	桌面			
	桌脚			
	撑板			
合　计		—	—	

制表：　　　　　　　　　　　　　　　　　　　　　　　　20×1年2月28日

33-2：

武汉楚风家具有限公司

产品工时定额计算表

20×1 年 2 月

产品：ZF01　　　　生产步骤：下料

产品类别	零件名称	约当产量（件）	工时定额（分钟/件）	总定额（小时）
完工产品	桌面			
	桌脚			
	撑板			
在产品	桌面			
	桌脚			
	撑板			
合　计		—	—	

制表：　　　　20×1 年 2 月 28 日

33-3：

武汉楚风家具有限公司

产品项目成本汇总表

20×1 年 2 月

产品：ZF01　　　　生产步骤：下料　　　　单位：元

成本项目	直接材料	直接人工	废品损失	制造费用	成本总额
上月结余					
本月发生					
合　计					

制表：　　　　20×1 年 2 月 28 日

33-4：

武汉楚风家具有限公司

生产成本分配表

20×1 年 2 月

产品：ZF01　　　　　　　　　　　　　　　　　　　　生产步骤：下料

成本项目	总成本（元）	总定额	分配率	完工产品		在产品	
				定额	分配金额（元）	定额	分配金额（元）
直接材料							
直接人工							
废品损失							
制造费用							
合　　计		—	—	-		-	2

制表：　　　　　　　　　　　　　　　　　　　　20×1 年 2 月 28 日

34-1：

武汉楚风家具有限公司

产品材料定额计算表

20×1 年 2 月

产品：YM01　　　　　　　　材料：木料　　　　　　　　生产步骤：下料

产品类别	零件名称	实际产量（件）	材料定额（cm^3/件）	总定额（m^3）
完工产品	前脚			
	后脚			
	座板			
	横梁			
	撑档			
在产品	前脚			
	后脚			
	座板			
	横梁			
	撑档			
合　　计		—	—	

制表：　　　　　　　　　　　　　　　　　　　　20×1 年 2 月 28 日

34-2：

武汉楚风家具有限公司

产品工时定额计算表

20×1 年 2 月

产品：YM01　　　　　　　　　　　　　　　　　　　　　　生产步骤：下料

产品类别	零件名称	约当产量（件）	工时定额（分钟/件）	总定额（小时）
完工产品	前脚			
	后脚			
	座板			
	横梁			
	撑档			
在产品	前脚			
	后脚			
	座板			
	横梁			
	撑档			
合　　计		—	—	

制表：　　　　　　　　　　　　　　　　　　　　　　20×1 年 2 月 28 日

34-3：

武汉楚风家具有限公司

产品项目成本汇总表

20×1 年 2 月

产品：YM01　　　　　　　　生产步骤：下料　　　　　　　　单位：元

成本项目	直接材料	直接人工	废品损失	制造费用	成本总额
上月结余					
本月发生					
合　　计					

制表：　　　　　　　　　　　　　　　　　　　　　　20×1 年 2 月 28 日

34-4：

武汉楚风家具有限公司

生产成本分配表

20×1 年 2 月

产品：YM01　　　　生产步骤：下料

成本项目	总成本（元）	总定额	分配率	完工产品		在产品	
				定额	分配金额（元）	定额	分配金额（元）
直接材料							
直接人工							
废品损失							
制造费用							
合　　计		—	—	—		—	

制表：　　　　20×1 年 2 月 28 日

35-1：

武汉楚风家具有限公司

零件耗用和结余计算表

20×1 年 2 月

产品：ZF01　　　　生产步骤：制作　　　　完工产量：　　　　单位：件

零件名称	上月结余数量	本月生产完工数量	单位产品用量	组装产品耗用数量	修复产品耗用数量	本月结余数量
桌面						
桌脚						
撑板						
钢条						

制表：　　　　20×1 年 2 月 28 日

35-2：

武汉楚风家具有限公司

在产品产量计算表

20×1年2月

产品：ZF01　　　　生产步骤：制作

产品或零件名称	完工在产品数量（件）	未完工在产品数量（件）	未完工在产品完工程度	全部在产品数量（件）	在产品约当产量（件）
桌面					
桌脚					
撑板					
钢条					
ZF01					

制表：　　　　20×1年2月28日

35-3：

武汉楚风家具有限公司

产品材料定额计算表

20×1年2月

产品：ZF01　　　　生产步骤：制作

产品类别	零件或产品名称	使用材料	实际产量（件）	材料定额	总定额
完工产品	钢条	钢条			
	ZF01	螺钉			
在产品	钢条	钢条			
	ZF01	螺钉			

制表：　　　　20×1年2月28日

35-4：

武汉楚风家具有限公司

产品工时定额计算表

20×1 年 2 月

产品：ZF01　　　　生产步骤：制作

产品类别	零件或产品名称	约当产量（件）	工时定额（分钟/件）	总定额（小时）
完工产品	桌面			
	桌脚			
	撑板			
	钢条			
	ZF01			
在产品	桌面			
	桌脚			
	撑板			
	钢条			
	ZF01			
合　计		—	—	

制表：　　　　20×1 年 2 月 28 日

35-5：

武汉楚风家具有限公司

产品材料定额计算表

20×1 年 2 月

产品：ZF01　　　　材料：木料　　　　生产步骤：下料

产品类别	零件名称	实际产量（件）	材料定额（cm^3/件）	总定额（m^3）
完工产品	桌面			
	桌脚			
	撑板			
在产品	桌面			
	桌脚			
	撑板			
合　计		—	—	

制表：　　　　20×1 年 2 月 28 日

35-6：

武汉楚风家具有限公司

产品工时定额计算表

20×1 年 2 月

产品：ZF01　　　　　　　　　　　　　　　　　　生产步骤：下料

产品类别	零件名称	实际产量（件）	工时定额（分钟/件）	总定额（小时）
完工产品	桌面			
	桌脚			
	撑板			
在产品	桌面			
	桌脚			
	撑板			
合　计		—	—	

制表：　　　　　　　　　　　　　　　　　　　　20×1 年 2 月 28 日

35-7：

武汉楚风家具有限公司

产品项目成本汇总表

20×1 年 2 月

产品：ZF01　　　　　　　生产步骤：制作　　　　　　　单位：元

成本项目		上月结余	本月发生	合　计
直接材料	木料			
	钢条			
	螺钉			
直接人工	本步骤			
	前步骤			
废品损失	本步骤			
	前步骤			
制造费用	本步骤			
	前步骤			
成本总额				

制表：　　　　　　　　　　　　　　　　　　　　20×1 年 2 月 28 日

35-8：

武汉楚风家具有限公司

生产成本分配表

20×1年2月

产品：ZF01　　　　生产步骤：制作

成本项目		总成本（元）	总定额	分配率	完工产品		在产品	
					定额	分配金额（元）	定额	分配金额（元）
直接材料	木料							
	钢条							
	螺钉							
	小计		—	—	—		—	
直接人工	本步骤							
	前步骤							
	小计		—	—	—		—	
废品损失	本步骤							
	前步骤							
	小计		—	—	—		—	
制造费用	本步骤							
	前步骤							
	小计		—	—	—		—	
合　计			—	—	—		—	

制表：　　　　20×1年2月28日

36-1：

武汉楚风家具有限公司

零件耗用和结余计算表

20×1 年 2 月

产品：YM01　　生产步骤：制作　　完工产量：　　单位：件

零件名称	上月结余数量	本月生产完工数量	单位产品用量	组装产品耗用数量	修复产品耗用数量	本月结余数量
前脚						
后脚						
座板						
横梁						
撑档						

制表：　　20×1 年 2 月 28 日

36-2：

武汉楚风家具有限公司

在产品产量计算表

20×1 年 2 月

产品：YM01　　生产步骤：制作

产品或零件名称	完工在产品数量（件）	未完工在产品数量（件）	未完工在产品完工程度	全部在产品数量（件）	在产品约当产量（件）
前脚					
后脚					
座板					
横梁					
撑档					
YM01					

制表：　　20×1 年 2 月 28 日

36-3：

武汉楚风家具有限公司

产品材料定额计算表

20×1年2月

产品：YM01　　　　生产步骤：制作

产品类别	产品名称	使用材料	实际产量（件）	材料定额（颗/件）	总定额（颗）
完工产品	YM01	螺钉			
在产品	YM01	螺钉			
合　计			—	—	

制表：　　　　20×1年2月28日

36-4：

武汉楚风家具有限公司

产品工时定额计算表

20×1年2月

产品：YM01　　　　生产步骤：制作

产品类别	零件或产品名称	约当产量（件）	工时定额（分钟/件）	总定额（小时）
完工产品	前脚			
	后脚			
	座板			
	横梁			
	撑档			
	YM01			
在产品	前脚			
	后脚			
	座板			
	横梁			
	撑档			
	YM01			
合　计		—	—	

制表：　　　　20×1年2月28日

36-5：

武汉楚风家具有限公司

产品材料定额计算表

20×1 年 2 月

产品：YM01　　　　材料：木料　　　　生产步骤：下料

产品类别	零件或产品名称	约当产量（件）	材料定额（cm^3/件）	总定额（m^3）
完工产品	前脚			
	后脚			
	座板			
	横梁			
	撑档			
在产品	前脚			
	后脚			
	座板			
	横梁			
	撑档			
合　计		—	—	

制表：　　　　20×1 年 2 月 28 日

36-6：

武汉楚风家具有限公司

产品工时定额计算表

20×1 年 2 月

产品：YM01　　　　生产步骤：下料

产品类别	零件名称	实际产量（件）	工时定额（分钟/件）	总定额（小时）
完工产品	前脚			
	后脚			
	座板			
	横梁			
	撑档			
在产品	前脚			
	后脚			
	座板			
	横梁			
	撑档			
合　计		—	—	

制表：　　　　20×1 年 2 月 28 日

36-7：

武汉楚风家具有限公司

产品项目成本汇总表

20×1 年 2 月

产品：YM01　　　　生产步骤：制作　　　　单位：元

成本项目		上月结余	本月发生	合　计
直接材料	木料			
	螺钉			
直接人工	本步骤			
	前步骤			
废品损失	本步骤			
	前步骤			
制造费用	本步骤			
	前步骤			
成本总额				

制表：　　　　20×1 年 2 月 28 日

36-8：

武汉楚风家具有限公司

生产成本分配表

20×1 年 2 月

产品：YM01　　　　　　　　　　　　　　　　　　　　　　　生产步骤：制作

成本项目	总成本（元）	总定额	分配率	完工产品		在产品		
				定额	分配金额（元）	定额	分配金额（元）	
直接材料	木料							
	螺钉							
	小计		—	—	—		—	
直接人工	本步骤							
	前步骤							
	小计		—	—	—		—	
废品损失	本步骤							
	前步骤							
	小计		—	—	—		—	
制造费用	本步骤							
	前步骤							
	小计		—	—	—		—	
合　计			—	—	—		—	

制表：　　　　　　　　　　　　　　　　　　　　　　　　20×1 年 2 月 28 日

37-1：

武汉楚风家具有限公司

在产品约当产量计算表

20×1 年 2 月

产品：ZF02　　　　　　　　完工产品数量：　　　　　　　　全部在产品数量：

生产步骤或工序	完工数量（件）	在产品数量（件）	在产品完工程度	步骤约当产量（件）
下料				
制作				
油漆				
组装				
包装				

制表：　　　　　　　　　　　　　　　　　　　　　　　　20×1 年 2 月 28 日

37-2：

武汉楚风家具有限公司

产品项目成本汇总表

20×1年2月

产品：ZF02　　　　生产步骤：下料　　　　单位：元

成本项目	上月结余	本月发生	合　　计
直接材料			
直接人工			
制造费用			
成本总额			

制表：　　　　20×1年2月28日

37-3：

武汉楚风家具有限公司

产品项目成本汇总表

20×1年2月

产品：ZF02　　　　生产步骤：制作　　　　单位：元

成本项目	上月结余	本月发生	合　　计
直接材料			
直接人工			
制造费用			
成本总额			

制表：　　　　20×1年2月28日

37-4：

武汉楚风家具有限公司

产品项目成本汇总表

20×1年2月

产品：ZF02　　　　生产步骤：油漆　　　　单位：元

成本项目	上月结余	本月发生	合　　计
直接材料			
直接人工			
制造费用			
成本总额			

制表：　　　　20×1年2月28日

37-5：

武汉楚风家具有限公司

产品项目成本汇总表

20×1 年 2 月

产品：ZF02　　生产步骤：组装包装　　单位：元

成本项目		上月结余	本月发生	合　计
直接材料	螺栓螺钉			
	包装材料			
直接人工				
制造费用				
成本总额				

制表：　　20×1 年 2 月 28 日

37-6：

武汉楚风家具有限公司

生产成本分配表

20×1 年 2 月

产品：ZF02　　生产步骤：下料

成本项目	总成本（元）	总约当产量（件）	分配率（元/件）	最终完工产品		广义在产品	
				约当产量（件）	分配金额（元）	约当产量（件）	分配金额（元）
直接材料							
直接人工							
制造费用							
合　计		—	—	—		—	

制表：　　20×1 年 2 月 28 日

37-7：

武汉楚风家具有限公司

生产成本分配表

20×1 年 2 月

产品：ZF02　　　　　　　　　　　　　　　　　　　　　　生产步骤：制作

成本项目	总成本（元）	总约当产量（件）	分配率（元/件）	最终完工产品		广义在产品	
				约当产量（件）	分配金额（元）	约当产量（件）	分配金额（元）
直接材料							
直接人工							
制造费用							
合　　计		—	—	—		—	

制表：　　　　　　　　　　　　　　　　　　　　　　　　20×1 年 2 月 28 日

37-8：

武汉楚风家具有限公司

生产成本分配表

20×1 年 2 月

产品：ZF02　　　　　　　　　　　　　　　　　　　　　　生产步骤：油漆

成本项目	总成本（元）	总约当产量（件）	分配率（元/件）	最终完工产品		广义在产品	
				约当产量（件）	分配金额（元）	约当产量（件）	分配金额（元）
直接材料							
直接人工							
制造费用							
合　　计		—	—	—		—	

制表：　　　　　　　　　　　　　　　　　　　　　　　　20×1 年 2 月 28 日

37-9：

武汉楚风家具有限公司

生产成本分配表

20×1年2月

产品：ZF02　　　　　　　　　　　　　　　　　　　　　生产步骤：组装包装

成本项目		总成本（元）	总约当产量（件）	分配率（元/件）	最终完工产品		广义在产品	
					约当产量（件）	分配金额（元）	约当产量（件）	分配金额（元）
直接材料	螺栓螺钉							
	包装材料							
	小计		—	—	—		—	
直接人工								
制造费用								
合　　计			—	—	—		—	

制表：　　　　　　　　　　　　　　　　　　　　　　　20×1年2月28日

38-1：

武汉楚风家具有限公司

在产品约当产量计算表

20×1年2月

产品：YM02　　　　　　　完工产品数量：　　　　　　　全部在产品数量：

生产步骤或工序	完工数量（件）	在产品数量（件）	在产品完工程度	步骤约当产量（件）
下料				
零件加工				
组装				
包装				

制表：　　　　　　　　　　　　　　　　　　　　　　　20×1年2月28日

38-2：

武汉楚风家具有限公司

在产品约当产量计算表

20×1 年 2 月

产品：YM02　　　　　　　　　　　　　　　　　　　　　　生产步骤：制作

所在工序	数量（件）	已完成加工时间（分钟）	本步骤单件加工时间（分钟）	步骤约当产量（件）
组装				

制表：　　　　　　　　　　　　　　　　　　　　　　20×1 年 2 月 28 日

38-3：

武汉楚风家具有限公司

产品项目成本汇总表

20×1 年 2 月

产品：YM02　　　　　　生产步骤：下料　　　　　　单位：元

成本项目	上月结余	本月发生	合　计
直接材料			
直接人工			
制造费用			
成本总额			

制表：　　　　　　　　　　　　　　　　　　　　　　20×1 年 2 月 28 日

38-4：

武汉楚风家具有限公司

产品项目成本汇总表

20×1 年 2 月

产品：YM02　　　　　　生产步骤：制作　　　　　　单位：元

成本项目	上月结余	本月发生	合　计
直接材料			
直接人工			
制造费用			
成本总额			

制表：　　　　　　　　　　　　　　　　　　　　　　20×1 年 2 月 28 日

38-5：

武汉楚风家具有限公司

产品项目成本汇总表

20×1 年 2 月

产品：YM02　　生产步骤：包装　　单位：元

成本项目	上月结余	本月发生	合　　计
直接材料			
直接人工			
制造费用			
成本总额			

制表：　　20×1 年 2 月 28 日

38-6：

武汉楚风家具有限公司

生产成本分配表

20×1 年 2 月

产品：YM02　　生产步骤：下料

成本项目	总成本（元）	总约当产量（件）	分配率（元/件）	最终完工产品		广义在产品	
				约当产量（件）	分配金额（元）	约当产量（件）	分配金额（元）
直接材料							
直接人工							
制造费用							
合　　计		—	—	—		—	

制表：　　20×1 年 2 月 28 日

38-7：

武汉楚风家具有限公司

生产成本分配表

20×1 年 2 月

产品：YM02　　　　　　　　　　　　　　　　　　　　生产步骤：制作

成本项目	总成本（元）	总约当产量（件）	分配率（元/件）	最终完工产品		广义在产品	
				约当产量（件）	分配金额（元）	约当产量（件）	分配金额（元）
直接材料							
直接人工							
制造费用							
合　计		—	—	—		—	

制表：　　　　　　　　　　　　　　　　　　　　　　20×1 年 2 月 28 日

38-8：

武汉楚风家具有限公司

生产成本分配表

20×1 年 2 月

产品：YM02　　　　　　　　　　　　　　　　　　　　生产步骤：包装

成本项目	总成本（元）	总约当产量（件）	分配率（元/件）	最终完工产品		广义在产品	
				约当产量（件）	分配金额（元）	约当产量（件）	分配金额（元）
直接材料							
直接人工							
制造费用							
合　计		—	—	—		—	

制表：　　　　　　　　　　　　　　　　　　　　　　20×1 年 2 月 28 日

39-1：

武汉楚风家具有限公司

在产品约当产量计算表

20×1 年 2 月

产品：ZF01　　　　生产步骤：油漆包装

所在工序	数量（件）	工序完工程度	工序约当产量（件）	单件加工时间（分钟）	已完成加工时间（分钟）	本步骤单件加工时间（分钟）	步骤约当产量（件）
油漆							

制表：　　　　20×1 年 2 月 28 日

39-2：

武汉楚风家具有限公司

产品项目成本汇总表

20×1 年 2 月

产品：ZF01　　　　生产步骤：油漆包装　　　　单位：元

成本项目		上月结余	本月发生	合　　计
直接材料	油漆腻子			
	包装物品			
	其他材料			
直接人工	本步骤			
	前步骤			
废品损失	本步骤			
	前步骤			
制造费用	本步骤			
	前步骤			
成本总额				

制表：　　　　20×1 年 2 月 28 日

39-3：

武汉楚风家具有限公司

生产成本分配表

20×1 年 2 月

产品：ZF01　　　　生产步骤：油漆包装

成本项目		总成本（元）	总产量（件）	分配率（元/件）	完工产品		在产品	
					产量（件）	分配金额（元）	产量（件）	分配金额（元）
直接材料	油漆腻子							
	包装物品							
	其他材料							
	小计		—	—	—		—	
直接人工	本步骤							
	前步骤							
	小计		—	—	—		—	
废品损失	本步骤							
	前步骤							
	小计		—	—	—		—	
制造费用	本步骤							
	前步骤							
	小计		—	—	—		—	
合　　计			—	—	—		—	

制表：　　　　20×1 年 2 月 28 日

39-4：

武汉楚风家具有限公司

在产品约当产量计算表

20×1 年 2 月

产品：YM01　　　　生产步骤：油漆包装

所在工序	数量（件）	工序完工程度	工序约当产量（件）	单件加工时间（分钟）	已完成加工时间（分钟）	本步骤单件加工时间（分钟）	步骤约当产量（件）
油漆							

制表：　　　　20×1 年 2 月 28 日

39-5：

武汉楚风家具有限公司

产品项目成本汇总表

20×1 年 2 月

产品：YM01　　生产步骤：油漆包装　　单位：元

成本项目		上月结余	本月发生	合　计
直接材料	油漆腻子			
	包装物品			
	其他材料			
直接人工	本步骤			
	前步骤			
废品损失	本步骤			
	前步骤			
制造费用	本步骤			
	前步骤			
成本总额				

制表：　　20×1 年 2 月 28 日

39-6：

武汉楚风家具有限公司

生产成本分配表

20×1 年 2 月

产品：YM01　　　　生产步骤：油漆包装

成本项目	总成本（元）	总产量（件）	分配率（元/件）	完工产品		在产品		
				产量（件）	分配金额（元）	产量（件）	分配金额（元）	
直接材料	油漆腻子							
	包装物品							
	其他材料							
	小计		—	—	—		—	
直接人工	本步骤							
	前步骤							
	小计		—	—	—		—	
废品损失	本步骤							
	前步骤							
	小计		—	—	—		—	
制造费用	本步骤							
	前步骤							
	小计		—	—	—		—	
合　　计			—	—	—		—	

制表：　　　　20×1 年 2 月 28 日

39-7：

武汉楚风家具有限公司

产 品 入 库 单

№20210015

20×1 年 2 月 9 日

车间：油漆车间

产品名称	规格型号	计量单位	交库数量	备　　注
ZF01		张	290	
YM01		把	1150	

②财务

交库人：刘阳　　　　仓库保管员：任真

39-8：

武汉楚风家具有限公司

产 品 入 库 单

№20210016

20×1 年 2 月 17 日

车间：油漆车间

产品名称	规格型号	计量单位	交库数量	备　　注
ZF01		张	290	
YM01		把	1150	

②财务

交库人：刘阳　　　　仓库保管员：任真

39-9：

武汉楚风家具有限公司

产 品 入 库 单

№20210017

20×1 年 2 月 28 日

车间：油漆车间

产品名称	规格型号	计量单位	交库数量	备　　注
ZF01		张	252	其中修复 2 张
YM01		把	1014	其中修复 4 把

②财务

交库人：刘阳　　　　仓库保管员：任真

40-1：

武汉楚风家具有限公司

产品入库单

№20210018

20×1年2月28日

车间：桌子车间

产品名称	规格型号	计量单位	交库数量	备　　注
ZF02		张	140	

②财务

交库人：赵明　　　　仓库保管员：任真

40-2：

武汉楚风家具有限公司

产品入库单

№20210019

20×1年2月28日

车间：椅子车间

产品名称	规格型号	计量单位	交库数量	备　　注
YM02		把	360	

②财务

交库人：王波　　　　仓库保管员：任真

41-1：

武汉楚风家具有限公司

产品入库单

№20210013

20×1年2月9日

车间：桌子车间

产品名称	规格型号	计量单位	交库数量	备　　注
ZD01		张	17	

②财务

交库人：赵明　　　　仓库保管员：任真

41-2：

武汉楚风家具有限公司

产品入库单

№20210014

20×1年2月9日

车间：椅子车间

产品名称	规格型号	计量单位	交库数量	备　　注
YD01		把	66	

②财务

交库人：王波　　　　仓库保管员：任真

（四）总分类账相关记录

1. 生产成本

如表 3-11 所示。

表 3-11

总 分 类 账　　第47号

科目：生产成本

20×1年 月	日	凭证 字	号	摘要	借方	贷方	借或贷	余额	核对
1	31	汇	1	记账凭证第1号至第60号	3537260				
	31	汇	2	记账凭证第61号至第132号	157633865	146782026			
				本月合计	161171125	146782026	借	14389099	
2	28	汇	3	记账凭证第1号至第50号	2780145				
	28	汇	4	记账凭证第51号至第98号	150933811	152562263			
				本月合计	153713956	152562263	借	15540792	
				过次页					

2. 制造费用

如表 3-12 所示。

表 3-12

总 分 类 账　　第48号

科目：制造费用

20×1年 月	日	凭证 字	号	摘要	借方	贷方	借或贷	余额	核对
1	31	汇	1	记账凭证第1号至第60号	6943940				
	31	汇	2	记账凭证第61号至第132号	10757628	17701568			
				本月合计	17701568	17701568	平	θ	
2	28	汇	3	记账凭证第1号至第50号	5244860				
	28	汇	4	记账凭证第51号至第98号	9980531	15225391			
				本月合计	15225391	15225391	平	θ	
				过次页					

第四章　成本报表与分析

一、20×1 年 1 月

（一）成本报表

1：

武汉楚风家具有限公司

产品成本报表

20×1 年 1 月

产品名称		ZF01	YM01
产量（件）			
总成本	合　　计（元）		
	直接材料（元）		
	直接人工（元）		
	废品损失（元）		
	制造费用（元）		
单位成本	合　　计（元）		
	直接材料（元）		
	直接人工（元）		
	废品损失（元）		
	制造费用（元）		

制表：　　　　　　　　　　　　　　　　　　20×1 年 2 月 1 日

2：

武汉楚风家具有限公司

产 品 成 本 报 表

20×1 年 1 月

产品名称		ZF02	YM02
产量（件）			
总成本	合　　计（元）		
	直接材料（元）		
	直接人工（元）		
	制造费用（元）		
单位成本	合　　计（元）		
	直接材料（元）		
	直接人工（元）		
	制造费用（元）		

制表：　　　　　　　　　　　　　　　　　　　　　　20×1 年 2 月 1 日

3：

武汉楚风家具有限公司

制造费用明细表

20×1 年 1 月　　　　　　　　　　　　单位：元

费用项目	下料车间	桌子车间	椅子车间	油漆车间
办公费				
水电费				
工具用品				
固定资产折旧				
人工费				
修理费				
合　　计				

制表：　　　　　　　　　　　　　　　　　　　　　　20×1 年 2 月 1 日

4：

武汉楚风家具有限公司

废品损失统计表

20×1 年 1 月

产品名称：ZF01　　　　单位：元

车　间	损失总额	材料损失	人工损失	料 废	工 废	其 他
下料车间						
桌子车间						
油漆车间						
合　　计						

制表：　　　　20×1 年 2 月 1 日

5：

武汉楚风家具有限公司

废品损失统计表

20×1 年 1 月

产品名称：YM01　　　　单位：元

车　间	损失总额	材料损失	人工损失	料 废	工 废	其 他
下料车间						
椅子车间						
油漆车间						
合　　计						

制表：　　　　20×1 年 2 月 1 日

（二）成本分析表

1：

武汉楚风家具有限公司

产品成本构成分析表

20×1 年 1 月

成本项目	成本构成（%）	
	ZF01	YM01
直接材料		
直接人工		
废品损失		
制造费用		
合　　计		

制表：　　　　　　　　　　　　　　　　　　　　　　　　20×1 年 2 月 1 日

2：

武汉楚风家具有限公司

产品成本构成分析表

20×1 年 1 月

成本项目	成本构成（%）	
	ZF02	YM02
直接材料		
直接人工		
制造费用		
合　　计		

制表：　　　　　　　　　　　　　　　　　　　　　　　　20×1 年 2 月 1 日

3：

武汉楚风家具有限公司

制造费用构成分析表

20×1 年 1 月

费用项目	制造费用构成（%）			
	下料车间	桌子车间	椅子车间	油漆车间
办公费				
水电费				
工具用品				
固定资产折旧				
人工费				
修理费				
合　　计				

制表：　　　　　　　　　　　　　　　　　　　　　　　　20×1 年 2 月 1 日

4-1：

武汉楚风家具有限公司

产品计划单位成本计算表

产品名称：ZF01

成本项目			零件或工序定额	单位产品用量	单位产品定额或计算依据	单价或耗费标准	计划成本（元）
直接材料	木材	桌面					
		桌脚					
		撑板					
	钢条						
	螺钉						
	腻子						
	油漆						
	包装纸						
	包装绳						
	小计		—	—	—	—	
直接人工	下料	桌面					
		桌脚					
		撑板					
	制作	桌面					
		桌脚					
		撑板					
		钢条					
		组装					
	油漆						
	包装						
	小计		—	—		—	
废品损失							
制造费用							
生产成本			—	—	—	—	

制表：　　　　　　　　　　　　　　　　　　　　　　20×1年2月1日

4-2：

武汉楚风家具有限公司

产品实际单位成本与计划单位成本对比分析表

产品：ZF01　　　　20×1 年 1 月

项　　目	实际成本（元）	计划成本（元）	差异额（元）	差异率（%）
单位成本				
直接材料				
直接人工				
废品损失				
制造费用				

制表：　　　　20×1 年 2 月 1 日

5-1：

武汉楚风家具有限公司

产品计划单位成本计算表

产品名称：YM01

成本项目			零件或工序定额	单位产品用量	单位产品定额或计算依据	单价或耗费标准	计划成本（元）
直接材料	木材	前脚					
		后脚					
		座板					
		横梁					
		撑档					
	螺钉						
	腻子						
	油漆						
	包装纸						
	包装绳						
	小计		—	—	—	—	
直接人工	下料	前脚					
		后脚					
		座板					
		横梁					
		撑档					
	制作	前脚					
		后脚					
		座板					
		横梁					
		撑档					
		组装					
	油漆						
	包装						
	小计		—	—		—	
废品损失							
制造费用							
生产成本			—	—	—	—	

制表：　　　　　　　　　　　　　　　　　　　　20×1年2月1日

5-2：

武汉楚风家具有限公司

产品实际单位成本与计划单位成本对比分析表

产品：YM01　　20×1 年 1 月

项　　目	实际成本（元）	计划成本（元）	差异额（元）	差异率（%）
单位成本				
直接材料				
直接人工				
废品损失				
制造费用				

制表：　　20×1 年 2 月 1 日

6-1：

武汉楚风家具有限公司

产品主要材料实际用量计算表

产品：ZF01　　20×1 年 1 月

材料名称	材料耗用数量	材料总定额	比率	产品总定额	产品实际用量
原木					
钢条		—	—		
腻子					
油漆					

制表：　　20×1 年 2 月 1 日

6-2：

武汉楚风家具有限公司

产品主要材料实际价格计算表

20×1 年 1 月

材料名称	计划价格（元）	材料成本差异率（%）	材料成本差异（元）	实际价格（元）
原木				
钢条				
腻子				
油漆				

制表：　　20×1 年 2 月 1 日

6-3：

武汉楚风家具有限公司

产品主要材料成本差异分析表

产品：ZF01　　　　　　　　　　　　　　　　　　　　20×1 年 1 月

材料名称			原木	钢条	腻子	油漆	合计
一、材料实际成本与计划成本对比	实际	用量					—
		价格					—
		材料成本					
	计划	用量					—
		价格					—
		材料成本					
	差异额（元）						
	差异率（%）						
二、材料用量对材料成本的影响	假定	实际用量					—
		计划价格					—
		材料成本					
	计划	用量					—
		价格					—
		材料成本					
	影响额（元）						
	影响率（%）						
三、材料价格对材料成本的影响	实际	用量					—
		价格					—
		材料成本					
	假定	实际用量					—
		计划价格					—
		材料成本					
	影响额（元）						
	影响率（%）						

制表：　　　　　　　　　　　　　　　　　　　　20×1 年 2 月 1 日

7-1：

武汉楚风家具有限公司

产品主要材料实际用量计算表

产品：YM01　　　　20×1 年 1 月

材料名称	材料耗用数量	材料总定额	比率	产品总定额	产品实际用量
原木					
腻子					
油漆					

制表：　　　　20×1 年 2 月 1 日

7-2：

武汉楚风家具有限公司

产品主要材料成本差异分析表

产品：YM01　　　　　　　　　　　　　　　　　　　　20×1年1月

<table>
<tr><th colspan="3">材料名称</th><th>原木</th><th>腻子</th><th>油漆</th><th>合计</th></tr>
<tr><td rowspan="8">一、材料实际成本与计划成本对比</td><td rowspan="3">实际</td><td>用量</td><td></td><td></td><td></td><td></td></tr>
<tr><td>价格</td><td></td><td></td><td></td><td></td></tr>
<tr><td>材料成本</td><td></td><td></td><td></td><td></td></tr>
<tr><td rowspan="3">计划</td><td>用量</td><td></td><td></td><td></td><td></td></tr>
<tr><td>价格</td><td></td><td></td><td></td><td></td></tr>
<tr><td>材料成本</td><td></td><td></td><td></td><td></td></tr>
<tr><td colspan="2">差异额（元）</td><td></td><td></td><td></td><td></td></tr>
<tr><td colspan="2">差异率（%）</td><td></td><td></td><td></td><td></td></tr>
<tr><td rowspan="8">二、材料用量对材料成本的影响</td><td rowspan="3">假定</td><td>实际用量</td><td></td><td></td><td></td><td></td></tr>
<tr><td>计划价格</td><td></td><td></td><td></td><td></td></tr>
<tr><td>材料成本</td><td></td><td></td><td></td><td></td></tr>
<tr><td rowspan="3">计划</td><td>用量</td><td></td><td></td><td></td><td></td></tr>
<tr><td>价格</td><td></td><td></td><td></td><td></td></tr>
<tr><td>材料成本</td><td></td><td></td><td></td><td></td></tr>
<tr><td colspan="2">影响额（元）</td><td></td><td></td><td></td><td></td></tr>
<tr><td colspan="2">影响率（%）</td><td></td><td></td><td></td><td></td></tr>
<tr><td rowspan="8">三、材料价格对材料成本的影响</td><td rowspan="3">实际</td><td>用量</td><td></td><td></td><td></td><td></td></tr>
<tr><td>价格</td><td></td><td></td><td></td><td></td></tr>
<tr><td>材料成本</td><td></td><td></td><td></td><td></td></tr>
<tr><td rowspan="3">假定</td><td>实际用量</td><td></td><td></td><td></td><td></td></tr>
<tr><td>计划价格</td><td></td><td></td><td></td><td></td></tr>
<tr><td>材料成本</td><td></td><td></td><td></td><td></td></tr>
<tr><td colspan="2">影响额（元）</td><td></td><td></td><td></td><td></td></tr>
<tr><td colspan="2">影响率（%）</td><td></td><td></td><td></td><td></td></tr>
</table>

制表：　　　　　　　　　　　　　　　　　　　　　　20×1年2月1日

8-1：

武汉楚风家具有限公司

车间实际总工时计算表

20×1年1月

生产车间	人数 （人）	出勤天数 （天/人）	每天有效工作 时间（小时/天）	实际总工时 （小时）
下料车间				
桌子车间				
油漆车间				
合　　计	—	—	—	

制表：　　　　　　　　　　　　　　　　　　　　　　20×1年2月1日

8-2：

武汉楚风家具有限公司

产品实际生产工时计算表

产品：ZF01　　　　　　　　　　　　　　　　　　　　20×1年1月

生产步骤	车间实际 总工时 （小时）	车间工时 总定额 （小时）	比率	产品 定额工时 （小时）	产品 实际工时 （小时）
下料					
制作					
油漆包装					
合　　计			—		

制表：　　　　　　　　　　　　　　　　　　　　　　20×1年2月1日

8-3：

武汉楚风家具有限公司

产品人工费用统计表

20×1年1月

产品：ZF01　　　　　　　　　　　　　　　　　　　　　　　　　单位：元

生产步骤	工资	奖金	职工福利费	工会教育经费	“五险一金”	合　计
下料						
制作						
油漆包装						
合　计						

制表：　　　　　　　　　　　　　　　　　　　　　　　　　20×1年2月1日

8-4：

武汉楚风家具有限公司

产品实际人工费用率计算表

20×1年1月

产品：ZF01

生产步骤	产品人工费用总额（元）	产品实际工时（小时）	人工费用率（元/小时）
下料			
制作			
油漆包装			
合　计			

制表：　　　　　　　　　　　　　　　　　　　　　　　　　20×1年2月1日

8-5：

武汉楚风家具有限公司

产品人工成本差异分析表

产品：ZF01　　　　　　　　　　　　　　　　　　　　　　　　　20×1 年 1 月

生产步骤			下料	制作	油漆包装	合计
一、人工实际成本与计划成本对比	实际	工时				
		费用率				
		人工成本				
	计划	工时				
		费用率				
		人工成本				
	差异额（元）					
	差异率（%）					
二、工时用量对人工成本的影响	假定	实际工时				
		计划费用率				
		人工成本				
	计划	工时				
		费用率				
		人工成本				
	影响额（元）					
	影响率（%）					
三、人工费用率对人工成本的影响	实际	工时				
		费用率				
		人工成本				
	假定	实际工时				
		计划费用率				
		人工成本				
	影响额（元）					
	影响率（%）					

制表：　　　　　　　　　　　　　　　　　　　　　　　　　　20×1 年 2 月 1 日

9-1：

武汉楚风家具有限公司

车间实际总工时计算表

20×1 年 1 月

<table>
<tr><th>生产车间</th><th>人数
（人）</th><th>出勤天数
（天/人）</th><th>每天有效工作
时间（小时/天）</th><th>实际总工时
（小时）</th></tr>
<tr><td>下料车间</td><td></td><td></td><td></td><td></td></tr>
<tr><td rowspan="2">椅子车间</td><td></td><td></td><td></td><td rowspan="2"></td></tr>
<tr><td></td><td></td><td></td></tr>
<tr><td rowspan="2">油漆车间</td><td></td><td></td><td></td><td rowspan="2"></td></tr>
<tr><td></td><td></td><td></td></tr>
<tr><td>合　　计</td><td>—</td><td>—</td><td>—</td><td></td></tr>
</table>

制表：　　　　　　　　　　　　　　　　　　　　20×1 年 2 月 1 日

9-2：

武汉楚风家具有限公司

产品实际生产工时计算表

产品：YM01　　　　　　　　　　　　　　　　　　20×1 年 1 月

生产步骤	车间实际总工时（小时）	车间工时总定额（小时）	比率	产品定额工时（小时）	产品实际工时（小时）
下料					
制作					
油漆包装					
合　　计			—		

制表：　　　　　　　　　　　　　　　　　　　　20×1 年 2 月 1 日

9-3：

武汉楚风家具有限公司

产品人工费用统计表

20×1 年 1 月

产品：YM01　　　　单位：元

生产步骤	工资	奖金	职工福利费	工会教育经费	“五险一金”	合　计
下料						
制作						
油漆包装						
合　计						

制表：　　　　20×1 年 2 月 1 日

9-4：

武汉楚风家具有限公司

产品实际人工费用率计算表

20×1 年 1 月

产品：YM01

生产步骤	产品人工费用总额（元）	产品实际工时（小时）	人工费用率（元/小时）
下料			
制作			
油漆包装			
合　计			

制表：　　　　20×1 年 2 月 1 日

9-5：

武汉楚风家具有限公司

产品人工成本差异分析表

产品：YM01　　　　　　　　　　　　　　　　　　　　　　20×1年1月

<table>
<tr><th colspan="3">生产步骤</th><th>下料</th><th>制作</th><th>油漆包装</th><th>合计</th></tr>
<tr><td rowspan="8">一、人工实际成本与计划成本对比</td><td rowspan="3">实际</td><td>工时</td><td></td><td></td><td></td><td></td></tr>
<tr><td>费用率</td><td></td><td></td><td></td><td></td></tr>
<tr><td>人工成本</td><td></td><td></td><td></td><td></td></tr>
<tr><td rowspan="3">计划</td><td>工时</td><td></td><td></td><td></td><td></td></tr>
<tr><td>费用率</td><td></td><td></td><td></td><td></td></tr>
<tr><td>人工成本</td><td></td><td></td><td></td><td></td></tr>
<tr><td colspan="2">差异额（元）</td><td></td><td></td><td></td><td></td></tr>
<tr><td colspan="2">差异率（%）</td><td></td><td></td><td></td><td></td></tr>
<tr><td rowspan="8">二、工时用量对人工成本的影响</td><td rowspan="3">假定</td><td>实际工时</td><td></td><td></td><td></td><td></td></tr>
<tr><td>计划费用率</td><td></td><td></td><td></td><td></td></tr>
<tr><td>人工成本</td><td></td><td></td><td></td><td></td></tr>
<tr><td rowspan="3">计划</td><td>工时</td><td></td><td></td><td></td><td></td></tr>
<tr><td>费用率</td><td></td><td></td><td></td><td></td></tr>
<tr><td>人工成本</td><td></td><td></td><td></td><td></td></tr>
<tr><td colspan="2">影响额（元）</td><td></td><td></td><td></td><td></td></tr>
<tr><td colspan="2">影响率（%）</td><td></td><td></td><td></td><td></td></tr>
<tr><td rowspan="8">三、人工费用率对人工成本的影响</td><td rowspan="3">实际</td><td>工时</td><td></td><td></td><td></td><td></td></tr>
<tr><td>费用率</td><td></td><td></td><td></td><td></td></tr>
<tr><td>人工成本</td><td></td><td></td><td></td><td></td></tr>
<tr><td rowspan="3">假定</td><td>实际工时</td><td></td><td></td><td></td><td></td></tr>
<tr><td>计划费用率</td><td></td><td></td><td></td><td></td></tr>
<tr><td>人工成本</td><td></td><td></td><td></td><td></td></tr>
<tr><td colspan="2">影响额（元）</td><td></td><td></td><td></td><td></td></tr>
<tr><td colspan="2">影响率（%）</td><td></td><td></td><td></td><td></td></tr>
</table>

制表：　　　　　　　　　　　　　　　　　　　　　　20×1年2月1日

二、20×1 年 2 月

（一）成本报表

1：

武汉楚风家具有限公司

产 品 成 本 报 表

20×1 年 2 月

产品名称		ZF01	YM01
产量（件）			
总成本	合　　计（元）		
	直接材料（元）		
	直接人工（元）		
	废品损失（元）		
	制造费用（元）		
单位成本	合　　计（元）		
	直接材料（元）		
	直接人工（元）		
	废品损失（元）		
	制造费用（元）		

制表：　　　　　　　　　　　　　　　　　　　　20×1 年 3 月 1 日

2：

武汉楚风家具有限公司

产品成本报表

20×1年2月

产品名称		ZF02	YM02	ZD01	YD01
产量（件）					
总成本	合　计（元）				
	直接材料（元）				
	直接人工（元）				
	制造费用（元）				
单位成本	合　计（元）				
	直接材料（元）				
	直接人工（元）				
	制造费用（元）				

制表：　　　　　　　　　　　　　　　　　　　　　　20×1年3月1日

3：

武汉楚风家具有限公司

制造费用明细表

20×1年2月　　　　　　　　　　　　　单位：元

费用项目	下料车间	桌子车间	椅子车间	油漆车间
办公费				
水电费				
工具用品				
固定资产折旧				
人工费				
修理费				
合　计				

制表：　　　　　　　　　　　　　　　　　　　　　　20×1年3月1日

4：

武汉楚风家具有限公司

废品损失统计表

20×1 年 2 月

产品名称：ZF01　　　　单位：元

车　间	损失总额	材料损失	人工损失	料 废	工 废	其 他
下料车间						
桌子车间						
油漆车间						
合　　计						

制表：　　　　20×1 年 3 月 1 日

5：

武汉楚风家具有限公司

废品损失统计表

20×1 年 2 月

产品名称：YM01　　　　单位：元

车　间	损失总额	材料损失	人工损失	料 废	工 废	其 他
下料车间						
椅子车间						
油漆车间						
合　　计						

制表：　　　　20×1 年 3 月 1 日

（二）成本分析表

1：

武汉楚风家具有限公司

产品成本构成分析表

20×1 年 2 月

成本项目	成本构成（%）	
	ZF01	YM01
直接材料		
直接人工		
废品损失		
制造费用		
合　　计		

制表：　　　　　　　　　　　　　　　　　　　　　　20×1 年 3 月 1 日

2：

武汉楚风家具有限公司

产品成本构成分析表

20×1 年 2 月

成本项目	成本构成（%）			
	ZF02	YM02	ZD01	YD01
直接材料				
直接人工				
制造费用				
合　　计				

制表：　　　　　　　　　　　　　　　　　　　　　　20×1 年 3 月 1 日

3：

武汉楚风家具有限公司

制造费用构成分析表

20×1 年 2 月

费用项目	制造费用构成（%）			
	下料车间	桌子车间	椅子车间	油漆车间
办公费				
水电费				
工具用品				
固定资产折旧				
人工费				
修理费				
合　　计				

制表：　　　　　　　　　　　　　　　　　　　　20×1 年 3 月 1 日

4：

武汉楚风家具有限公司

产品实际单位成本与计划单位成本对比分析表

产品：ZF01　　　　　　　　　　　　　　　　　　　　20×1 年 2 月

项　　目	实际成本（元）	计划成本（元）	差异额（元）	差异率（%）
单位成本				
直接材料				
直接人工				
废品损失				
制造费用				

制表：　　　　　　　　　　　　　　　　　　　　20×1 年 3 月 1 日

5：

武汉楚风家具有限公司

产品实际单位成本与计划单位成本对比分析表

产品：YM01　　　　20×1 年 2 月

项　　目	实际成本（元）	计划成本（元）	差异额（元）	差异率（%）
单位成本				
直接材料				
直接人工				
废品损失				
制造费用				

制表：　　　　20×1 年 3 月 1 日

6-1：

武汉楚风家具有限公司

产品主要材料实际用量计算表

产品：ZF01　　　　20×1 年 2 月

材料名称	材料耗用数量	材料总定额	比率	产品总定额	产品实际用量
原木					
钢条		—	—		
腻子					
油漆					

制表：　　　　20×1 年 3 月 1 日

6-2：

武汉楚风家具有限公司

产品主要材料实际价格计算表

产品：ZF01　　　　20×1 年 2 月

材料名称	计划价格（元）	材料成本差异率（%）	材料成本差异（元）	实际价格（元）
原木				
钢条				
腻子				
油漆				

制表：　　　　20×1 年 3 月 1 日

6-3：

武汉楚风家具有限公司

产品主要材料成本差异分析表

产品：ZF01　　　　　　　　　　　　　　　　　　20×1年2月

<table>
<tr><th colspan="3">材料名称</th><th>原木</th><th>钢条</th><th>腻子</th><th>油漆</th><th>合计</th></tr>
<tr><td rowspan="8">一、材料实际成本与计划成本对比</td><td rowspan="3">实际</td><td>用量</td><td></td><td></td><td></td><td></td><td>—</td></tr>
<tr><td>价格</td><td></td><td></td><td></td><td></td><td>—</td></tr>
<tr><td>材料成本</td><td></td><td></td><td></td><td></td><td></td></tr>
<tr><td rowspan="3">计划</td><td>用量</td><td></td><td></td><td></td><td></td><td>—</td></tr>
<tr><td>价格</td><td></td><td></td><td></td><td></td><td>—</td></tr>
<tr><td>材料成本</td><td></td><td></td><td></td><td></td><td></td></tr>
<tr><td colspan="2">差异额（元）</td><td></td><td></td><td></td><td></td><td></td></tr>
<tr><td colspan="2">差异率（%）</td><td></td><td></td><td></td><td></td><td></td></tr>
<tr><td rowspan="8">二、材料用量对材料成本的影响</td><td rowspan="3">假定</td><td>实际用量</td><td></td><td></td><td></td><td></td><td>—</td></tr>
<tr><td>计划价格</td><td></td><td></td><td></td><td></td><td>—</td></tr>
<tr><td>材料成本</td><td></td><td></td><td></td><td></td><td></td></tr>
<tr><td rowspan="3">计划</td><td>用量</td><td></td><td></td><td></td><td></td><td>—</td></tr>
<tr><td>价格</td><td></td><td></td><td></td><td></td><td>—</td></tr>
<tr><td>材料成本</td><td></td><td></td><td></td><td></td><td></td></tr>
<tr><td colspan="2">影响额（元）</td><td></td><td></td><td></td><td></td><td></td></tr>
<tr><td colspan="2">影响率（%）</td><td></td><td></td><td></td><td></td><td></td></tr>
<tr><td rowspan="8">三、材料价格对材料成本的影响</td><td rowspan="3">实际</td><td>用量</td><td></td><td></td><td></td><td></td><td>—</td></tr>
<tr><td>价格</td><td></td><td></td><td></td><td></td><td>—</td></tr>
<tr><td>材料成本</td><td></td><td></td><td></td><td></td><td></td></tr>
<tr><td rowspan="3">假定</td><td>实际用量</td><td></td><td></td><td></td><td></td><td>—</td></tr>
<tr><td>计划价格</td><td></td><td></td><td></td><td></td><td>—</td></tr>
<tr><td>材料成本</td><td></td><td></td><td></td><td></td><td></td></tr>
<tr><td colspan="2">影响额（元）</td><td></td><td></td><td></td><td></td><td></td></tr>
<tr><td colspan="2">影响率（%）</td><td></td><td></td><td></td><td></td><td></td></tr>
</table>

制表：　　　　　　　　　　　　　　　　　　　　20×1年3月1日

7-1：

武汉楚风家具有限公司

产品主要材料实际用量计算表

产品：YM01　　　　　　　　　　　　　　　　　　　　20×1年2月

材料名称	材料耗用数量	材料总定额	比率	产品总定额	产品实际用量
原木					
腻子					
油漆					

制表：　　　　　　　　　　　　　　　　　　　　20×1年3月1日

7-2：

武汉楚风家具有限公司

产品主要材料成本差异分析表

产品：YM01　　　　　　　　　　　　　　　　20×1 年 2 月

材料名称			原木	腻子	油漆	合计
一、材料实际成本与计划成本对比	实际	用量				
		价格				
		材料成本				
	计划	用量				
		价格				
		材料成本				
	差异额（元）					
	差异率（%）					
二、材料用量对材料成本的影响	假定	实际用量				
		计划价格				
		材料成本				
	计划	用量				
		价格				
		材料成本				
	影响额（元）					
	影响率（%）					
三、材料价格对材料成本的影响	实际	用量				
		价格				
		材料成本				
	假定	实际用量				
		计划价格				
		材料成本				
	影响额（元）					
	影响率（%）					

制表：　　　　　　　　　　　　　　　　20×1 年 3 月 1 日

8-1：

武汉楚风家具有限公司

车间实际总工时计算表

20×1 年 2 月

生产车间	人数（人）	出勤天数（天/人）	每天有效工作时间（小时/天）	实际总工时（小时）
下料车间				
桌子车间				
油漆车间				
合　计	—	—	—	

制表：　　　　　　　　　　　　　　　　　　　　　　　　20×1 年 3 月 1 日

8-2：

武汉楚风家具有限公司

产品实际生产工时计算表

产品：ZF01　　　　　　　　　　　　　　　　　　　　　　20×1 年 2 月

生产步骤	车间实际总工时（小时）	车间工时总定额（小时）	比率	产品定额工时（小时）	产品实际工时（小时）
下料					
制作					
油漆包装					
合　计			—		

制表：　　　　　　　　　　　　　　　　　　　　　　　　20×1 年 3 月 1 日

8-3：

武汉楚风家具有限公司

产品人工费用统计表

20×1年2月

产品：ZF01　　　　　　　　　　　　　　　　　　　　　　单位：元

生产步骤	工资	奖金	职工福利费	工会教育经费	“五险一金”	合　　计
下料						
制作						
油漆包装						
合　　计						

制表：　　　　　　　　　　　　　　　　　　　　　　20×1年3月1日

8-4：

武汉楚风家具有限公司

产品实际人工费用率计算表

20×1年2月

产品：ZF01

生产步骤	产品人工费用总额（元）	产品实际工时（小时）	人工费用率（元/小时）
下料			
制作			
油漆包装			
合　　计			

制表：　　　　　　　　　　　　　　　　　　　　　　20×1年3月1日

8-5：

武汉楚风家具有限公司

产品人工成本差异分析表

产品：ZF01　　　　　　　　　　　　　　　　　　　　20×1 年 2 月

生产步骤			下料	制作	油漆包装	合计
一、人工实际成本与计划成本对比	实际	工时				
		费用率				
		人工成本				
	计划	工时				
		费用率				
		人工成本				
	差异额（元）					
	差异率（%）					
二、工时用量对人工成本的影响	假定	实际工时				
		计划费用率				
		人工成本				
	计划	工时				
		费用率				
		人工成本				
	影响额（元）					
	影响率（%）					
三、人工费用率对人工成本的影响	实际	工时				
		费用率				
		人工成本				
	假定	实际工时				
		计划费用率				
		人工成本				
	影响额（元）					
	影响率（%）					

制表：　　　　　　　　　　　　　　　　　　　　20×1 年 3 月 1 日

9-1：

武汉楚风家具有限公司

车间实际总工时计算表

20×1 年 2 月

生产车间	人数（人）	出勤天数（天/人）	每天有效工作时间（小时/天）	实际总工时（小时）
下料车间				
椅子车间				
油漆车间				
合　计	—	—	—	

制表：　　　　20×1 年 3 月 1 日

9-2：

武汉楚风家具有限公司

产品实际生产工时计算表

产品：YM01　　　　20×1 年 2 月

生产步骤	车间实际总工时（小时）	车间工时总定额（小时）	比率	产品定额工时（小时）	产品实际工时（小时）
下料					
制作					
油漆包装					
合　计			—		

制表：　　　　20×1 年 3 月 1 日

9-3：

武汉楚风家具有限公司

产品人工费用统计表

20×1 年 2 月

产品：YM01　　　　单位：元

生产步骤	工资	奖金	职工福利费	工会教育经费	“五险一金”	合　计
下料						
制作						
油漆包装						
合　计						

制表：　　　　20×1 年 3 月 1 日

9-4：

武汉楚风家具有限公司

产品实际人工费用率计算表

20×1 年 2 月

产品：YM01

生产步骤	产品人工费用总额（元）	产品实际工时（小时）	人工费用率（元/小时）
下料			
制作			
油漆包装			
合　计			

制表：　　　　20×1 年 3 月 1 日

9-5：

武汉楚风家具有限公司

产品人工成本差异分析表

产品：YM01　　　　20×1 年 2 月

生产步骤			下料	制作	油漆包装	合计
一、人工实际成本与计划成本对比	实际	工时				
		费用率				
		人工成本				
	计划	工时				
		费用率				
		人工成本				
	差异额（元）					
	差异率（%）					
二、工时用量对人工成本的影响	假定	实际工时				
		计划费用率				
		人工成本				
	计划	工时				
		费用率				
		人工成本				
	影响额（元）					
	影响率（%）					
三、人工费用率对人工成本的影响	实际	工时				
		费用率				
		人工成本				
	假定	实际工时				
		计划费用率				
		人工成本				
	影响额（元）					
	影响率（%）					

制表：　　　　20×1 年 3 月 1 日

10：

武汉楚风家具有限公司

产品本月成本与上月成本对比分析表

产品：ZF01　　　　　　　　　　　　　　　　　　　　20×1年2月

项　　目	本月成本（元）	上月成本（元）	差异额（元）	差异率（%）
单位成本				
直接材料				
直接人工				
废品损失				
制造费用				

制表：　　　　　　　　　　　　　　　　　　　　20×1年3月1日

11：

武汉楚风家具有限公司

产品本月成本与上月成本对比分析表

产品：YM01　　　　　　　　　　　　　　　　　　　　20×1年2月

项　　目	本月成本（元）	上月成本（元）	差异额（元）	差异率（%）
单位成本				
直接材料				
直接人工				
废品损失				
制造费用				

制表：　　　　　　　　　　　　　　　　　　　　20×1年3月1日

12：

武汉楚风家具有限公司

产品主要材料成本差异分析表

产品：ZF01 20×1年2月

材料名称			原木	钢条	腻子	油漆	合计
一、材料成本对比	报告期	用量					—
		价格					—
		材料成本					
	基期	用量					—
		价格					—
		材料成本					
	差异额（元）						
	差异率（%）						
二、材料用量对材料成本的影响	假定	报告期用量					—
		基期价格					—
		材料成本					
	基期	用量					—
		价格					—
		材料成本					
	影响额（元）						
	影响率（%）						
三、材料价格对材料成本的影响	报告期	用量					—
		价格					—
		材料成本					
	假定	报告期用量					—
		基期价格					—
		材料成本					
	影响额（元）						
	影响率（%）						

制表： 20×1年3月1日

13：

武汉楚风家具有限公司

产品主要材料成本差异分析表

产品：YM01　　　　　　　　　　　　20×1年2月

材料名称			原木	腻子	油漆	合计
一、材料成本对比	报告期	用量				
		价格				
		材料成本				
	基期	用量				
		价格				
		材料成本				
	差异额（元）					
	差异率（%）					
二、材料用量对材料成本的影响	假定	报告期用量				
		基期价格				
		假定成本				
	基期	用量				
		价格				
		材料成本				
	影响额（元）					
	影响率（%）					
三、材料价格对材料成本的影响	报告期	用量				
		价格				
		材料成本				
	假定	报告期用量				
		基期价格				
		假定成本				
	影响额（元）					
	影响率（%）					

制表：　　　　　　　　　　　　20×1年3月1日

14：

武汉楚风家具有限公司

产品人工成本差异分析表

产品：ZF01　　　　20×1年2月

生产步骤			下料	制作	油漆包装	合计
一、人工成本对比	报告期	工时				
		费用率				
		人工成本				
	基期	工时				
		费用率				
		人工成本				
	差异额（元）					
	差异率（%）					
二、工时用量对人工成本的影响	假定	报告期工时				
		基期费用率				
		人工成本				
	基期	工时				
		费用率				
		人工成本				
	影响额（元）					
	影响率（%）					
三、人工费用率对人工成本的影响	报告期	工时				
		费用率				
		人工成本				
	假定	报告期工时				
		基期费用率				
		人工成本				
	影响额（元）					
	影响率（%）					

制表：　　　　20×1年3月1日

15：

武汉楚风家具有限公司

产品人工成本差异分析表

产品：YM01　　　　20×1 年 2 月

生产步骤			下料	制作	油漆包装	合计
一、人工成本对比	报告期	工时				
		费用率				
		人工成本				
	基期	工时				
		费用率				
		人工成本				
	差异额（元）					
	差异率（%）					
二、工时用量对人工成本的影响	假定	报告期工时				
		基期费用率				
		人工成本				
	基期	工时				
		费用率				
		人工成本				
	影响额（元）					
	影响率（%）					
三、人工费用率对人工成本的影响	报告期	工时				
		费用率				
		人工成本				
	假定	报告期工时				
		基期费用率				
		人工成本				
	影响额（元）					
	影响率（%）					

制表：　　　　20×1 年 3 月 1 日

16-1：

武汉楚风家具有限公司

产品制造费用计算表

20×1 年 1 月

产品：ZF01

生产车间		下料车间	桌子车间	油漆车间	合　计
总定额工时					
产品定额工时					
比重					—
车间制造费用	总额				
	人工费				
	固定资产折旧				
ZF01 分摊的制造费用	总额				
	人工费				
	固定资产折旧				

制表：　　　　　　　　　　20×1 年 3 月 1 日

16-2：

武汉楚风家具有限公司

产品制造费用计算表

20×1 年 2 月

产品：ZF01

生产车间		下料车间	桌子车间	油漆车间	合　计
总定额工时					
产品定额工时					
比重					—
车间制造费用	总额				
	人工费				
	折旧费				
ZF01 分摊的制造费用	总额				
	人工费				
	折旧费				

制表：　　　　　　　　　　20×1 年 3 月 1 日

16-3：

武汉楚风家具有限公司

完工产品制造费用计算表

产品：ZF01

月　份	制造费用（元）		比重	人工费（元）		固定资产折旧（元）	
	全部产品	完工产品		全部产品	完工产品	全部产品	完工产品
20×1 年 1 月							
20×1 年 2 月							

制表：　　　　　　　　　　　　　　　　　　　　20×1 年 3 月 1 日

16-4：

武汉楚风家具有限公司

制造费用差异分析表

20×1 年 2 月

产品：ZF01

月　份	产品产量（件）	制造费用（元）		人工费（元）		固定资产折旧（元）	
		总额	单位费用	总额	单位费用	总额	单位费用
20×1 年 1 月							
20×1 年 2 月							
差　异							

制表：　　　　　　　　　　　　　　　　　　　　20×1 年 3 月 1 日

17-1：

武汉楚风家具有限公司

产品制造费用计算表

20×1 年 1 月

产品：YM01

生产车间		下料车间	椅子车间	油漆车间	合　计
总定额工时					
产品定额工时					
比重					—
车间制造费用	总额				
	人工费				
	固定资产折旧				
YM01 分摊的制造费用	总额				
	人工费				
	固定资产折旧				

制表：　　　　　　　　　　20×1 年 3 月 1 日

17-2：

武汉楚风家具有限公司

产品制造费用计算表

20×1 年 2 月

产品：YM01

生产车间		下料车间	椅子车间	油漆车间	合　计
总定额工时					
产品定额工时					
比重					—
车间制造费用	总额				
	人工费				
	固定资产折旧				
YM01 分摊的制造费用	总额				
	人工费				
	固定资产折旧				

制表：　　　　　　　　　　20×1 年 3 月 1 日

17-3：

武汉楚风家具有限公司

完工产品制造费用计算表

产品：YM01

月　份	制造费用（元）		比重	人工费（元）		固定资产折旧（元）	
	全部产品	完工产品		全部产品	完工产品	全部产品	完工产品
20×1 年 1 月							
20×1 年 2 月							

制表：　　　　　　　　　　　　　　　　　　　　　　　20×1 年 3 月 1 日

17-4：

武汉楚风家具有限公司

制造费用差异分析表

20×1 年 2 月

产品：YM01

月　份	产品产量（件）	制造费用（元）		人工费（元）		固定资产折旧（元）	
		总额	单位费用	总额	单位费用	总额	单位费用
20×1 年 1 月							
20×1 年 2 月							
差　异							

制表：　　　　　　　　　　　　　　　　　　　　　　　20×1 年 3 月 1 日

附：答案二维码

答案:原始凭证（1 月）

答案:记账凭证（1 月）

答案:基本生产成本账簿(1 月)

答案:辅助生产成本账簿(1 月)

答案:制造费用账簿(1 月)

答案:成本报表（1 月）

答案:原始凭证（2 月）

答案:记账凭证（2 月）

答案:基本生产成本账簿(2 月)

答案:辅助生产成本账簿(2 月)

答案:制造费用账簿(2 月)

答案:成本报表（2 月）

后　记

编写这样一本成本会计教材的想法已有十余年，写出教材初稿也有八年多，在实践中已试用很多次，每次都会发现一些新问题，产生一些新想法，于是不断地修改补充，最终形成这本教材，真可谓“十年磨一剑”。

尽管我们倾注了大量的心血，进行严肃认真的打磨，心中依然十分忐忑，毕竟这是一次前所未有的尝试。因此，我们热切希望使用本教材的各位老师和同学能指出错误，提出建议，不吝赐教，以便我们不断改进。如果有老师想要获取某种教学资源，也可与我们联系。请在邮箱 yshc2000@126.com 中留言，我们将及时回复。

编　者

2022 年 3 月